# La Force du Sang

**ALEXANDRE HARDY**

Edited by James Herbert Davis, Jr.

*La Force du Sang*

# La Force du Sang

ALEXANDRE HARDY

Edited by James Herbert Davis, Jr.

UNIVERSITY OF GEORGIA PRESS, ATHENS

Library of Congress Catalog Card Number: 74–156042
International Standard Book Number: 8203–0309–7

The University of Georgia Press, Athens 30601

Printed in the United States of America

TO ROBERT WHITE LINKER

*Hommages Respectueux*

PQ1801
H2
F6
1972

# INTRODUCTION

When Eugène Rigal, the scholar certainly to be credited with the revival of Alexandre Hardy studies, published his now famous thesis on that playwright in 1889, there existed to all appearances no authentic document on Hardy. Despite a paucity of certain vital information, Professor Rigal concluded that until the era of Théophile de Viau and Racan—perhaps even up until the age of Mairet and Rotrou—the repertory of the French theater of the seventeenth century knew only the plays of Alexandre Hardy. Not only was this playwright the most important single figure of dramatic literature of his time, but he was also, according to Rigal, the saviour of the French theater, the pioneer who had opened new territory to an ever-growing number of younger playwrights.[1]

Rigal, of course, was not alone in his re-discovery of Hardy. Almost a decade prior to the publication of the above-mentioned thesis, Professor E. Lombard published a study on the playwright. He, too, hailed Hardy as the poet who "domina seul la scène française pendant l'espace de trente années," the man who was the true founder of the French theater.[2] Professor Lombard's evaluation was soon followed by the Stengel edition of Hardy's plays.[3] A re-printing of Hardy's *Théâtre* (Paris, 1624-1628), it remains today the only modern edition of his drama.

Although the Hardy scholarship of Henry Carrington Lancaster and Gustave Lanson in the first three decades of our present century is quite laudable, we owe special gratitude to Madame Wilma Deierkauf-Holsboer, who in 1945 discovered certain documents in the National Archives in Paris. This research, incorporated into her monograph on Hardy published in 1947,[4] presents not only new information concerning the playwright, but also a striking re-evaluation of his position and influence during the era of pre-Cornelian drama.

Madame Deierkauf-Holsboer does not accept the long-established 1560 as the date of Alexandre Hardy's birth. She is more inclined to support a later date, recalling that Rigal had suggested the period 1569-1575 as a possibility, and that Lancaster had proposed 1575-1577 (p. 330). The next important date to consider is the one which established the beginning of his dramatic career. Rigal had suggested that Hardy's debut in the theater be placed around 1593,[5] a date which Lombard had previously suggested. Madame Deierkauf-Holsboer definitely maintains that Hardy left Paris in 1592 to pursue a dramatic career "en province" (p. 334). These assumptions are based on a statement by Hardy in the *dédicace* to *Théagène et Cariclée*, published in 1623, in which the poet speaks of his "trente ans de travail." Lancaster, however, in support of a later date for the playwright's beginnings, alludes to the "avis au lecteur" in volume five of Hardy's *Théâtre*. Hardy here speaks five years later of his dramatic career of thirty years. Lancaster thus concludes that his debut probably came in 1595 or 1596.[6]

Both Professor Rigal and Madame Deierkauf-Holsboer agree that Hardy, as a disciple of Ronsard, had learned Latin if not Greek. At any rate, the multitude of Latinisms in his work, the many mythological allusions—as clearly seen in *La Force du sang*—support the idea that while young, Hardy had received a good education; that he had read Vergil, Ovid, Seneca, and Martial; that he had, moreover, studied Euripides, Plutarch, and Xenophon, if only in Latin translations. This was an education given only to "un fils de bonne maison," a young man, however, who unlike Robert Garnier, refused to study law and who, despite his social position, scorned high functions and jobs. "Il s'abandonnait délibérément à son amour pour l'art dramatique sans se soucier d'aucune contrainte." His was an aptitude which he would, until the end of his days, place at the service of the theater (pp. 331-332).

Since theatrical activity was much more "en province" than in Paris during the last years of the sixteenth century, Hardy left the capital in 1592 to follow his chosen profession. With just exactly which troupe he was associated is not known, but Madame Deierkauf-Holsboer maintains that Hardy was neither a member of Valleran le Conte's nor of Charles Chautron's troupes. She supposes that he served under Adrien Talmy until his return to Paris (pp. 334-335).

The date of this return has again been a question of speculation for Hardy scholars. In the *Clef du page disgracié* (1667), we read that Hardy was in 1613 "le poète à gages" of Valleran le Conte and of Vaultray. Madame Deierkauf-Holsboer asserts that this association with Valleran began sometime in 1597 or at the beginning of 1598 (p. 340). Hardy and Valleran had thus come to Paris at that time with the intention of presenting for the Parisian public plays "du genre nouveau." Hardy, then, was to be the chief source of these *tragédies, tragi-comédies, comédies* and *pastorales*. It has also been established that the first performances of Hardy's work were given during the month of January, 1599—and at the Hôtel de Bourgogne (p. 343).

Parisian audiences of that time were, no doubt, more conservative than those which Hardy had encountered in the provinces. He and Valleran apparently failed in their efforts to win the capital over to the tastes of the "théâtre nouveau." Their lack of success was even more shadowed by the arrival, at the beginning of 1600, of a troupe of Italian actors, whose performances soon caused Valleran and company to play before almost-empty halls. Once more Hardy was obliged to take up the wandering life of a man of the theater (p. 346).

Although Rigal assumes that Hardy may have been in

Paris from 1600 to 1603,[7] nothing is known of the whereabouts of Valleran and Hardy, nor of their activity until December of 1605 (p. 346). At any rate, they were not in Paris. We know that in early February, 1606 (not late in this year as Rigal says), Valleran rented once more the Hôtel de Bourgogne for a series of performances which again had little success. In June and July of 1607, the troupe was in Bordeaux; then in December of that same year, Valleran formed a new troupe and, unable to meet expenses, ceased activity in early 1608. What actually happened to Hardy and his *chef du troupe* during 1608 is not known, but we assume that they took up again their provincial tours (p. 348).

In March of 1609 Valleran and Hardy were back in Paris, but they were not to remain there long. Despite the merger of Valleran's troupe with that of Mathieu le Febvre's in January of 1610, the financial condition of the actors failed to improve (p. 349). Hardy apparently composed during this time a great many plays, thereby enriching the repertory, but adding nothing to the success of the troupe. Even in early 1612, when Valleran joined forces with a band of Italian actors under the direction of Jehan Paul Alfieri, the success was of short duration; the curiosity of the Parisians, who could attend a *tragédie*, a *tragi-comédie*, or a *pastorale* by Hardy (followed immediately by a *comédie italienne*), soon diminished. By the end of March 1612, Valleran had organized a new troupe; but even so, the band left Paris to perform in the smaller cities of France and even beyond the frontiers (p. 354).

With the death of Valleran (probably before the end of 1613),[8] his pupil and protégé, Pierre le Messier (known as Bellerose) became *chef du troupe*, and Hardy was named his *poète à gages*. The peregrinations across France continued, and once again it was the provincial towns which were to receive Hardy's work favorably. Paris was the ultimate goal of the troupe, but they were in no hurry, reaching the capital by the summer of 1622 (p. 356).

For four more years Hardy continued to furnish material for Bellerose. The poet's break with the latter, probably brought about over a dispute concerning Hardy's publishing rights, occurred in the autumn of 1626. At that time the poet placed his services at the disposal of the "Vieux Comédiens du Roi," a new dramatic company headed by Claude Deschamps. Under the terms of his new contract, Hardy was to provide said troupe with six plays a year for a period of six consecutive years.

Here begins, however, the period of decline for Hardy. Deschamps' group played at the Hôtel de Bourgogne until the end of January, 1627. Immediately after, they toured the provinces, but we have no assurance that Hardy accompanied them. His disappointments apparently increased as more and more he came to feel that he was no longer a part of the theatrical scene (p. 364-66). During the ten-year period of Hardy's absence (1612-1622), there had obviously been a change at work. Such authors as Troterel, Mainfray, Prévost, Boissin de la Brousse, Issac du Ryer, Racan, and Théophile de Viau had obtained some degree of success with Parisian audiences. Although in general the theatrical presentation still ended with a farce, tragedies and pastoral plays composed the main part of the dramatic program, a program now representative of the "nouvelle école" (p. 356). Hardy doubtlessly realized that his language, style, and technique had suddenly become *hors de usage*. A dramatic figure of the seventeenth century, he continued in his work to recall something of the preceding century; his work remained to a large degree stationary.

In 1630 Hardy was still the *poète à gages* of Claude Deschamps, although the "Vieux Comédiens du Roi" were no longer performing at the Hôtel de Bourgogne. We know nothing of Hardy's last days in Paris. It is possible that he did not die in the capital, but, ending his life as he had begun it, he toured in these last years with a dramatic troupe (p. 371). The Frères Parfaict conjecture that Hardy died in 1630, but Rigal points out that in 1631 some verses by the poet appeared in the forward to a *tragi-comédie* by Georges de Scudéry, *Ligdamon et Lydias;* since these lines were not signed "feu Hardy," Rigal assumes that it was after 1631 that he died.[9] Madame Deierkauf-Holsboer states that Hardy died in 1632 and bases this date on the fact that it was during the course of this year that the second edition of the second volume of his *Théâtre* appeared, and that Hardy must certainly have instructed his publisher concerning the edition (p. 371).

Beauchamps, in his *Recherches sur les théâtres de France*, states that eight hundred plays were attributed to Hardy.[10] Nizard (*Histoire de la littérature française*, Paris, 1877) sets an even higher figure, venturing to say that our dramatic poet wrote no less than twelve hundred plays.[11] Hardy, himself, tells us in the *au lecteur* which precedes volume five of his *Théâtre*, that he had composed six hundred "poèmes." At this date (1628), his work was not over; but assuming that his latter years deprived him of energy and inspiration, and that in any case, from 1628 until his death in 1632, he was to furnish only six plays annually to Claude Deschamps, a more modern estimate of his productivity can be placed at around 624 plays, a number slightly below the seven hundred suggested by Lancaster[12] and others (p. 373).

Of this impressive number, only the plays published during Hardy's lifetime—34 in number—have been conserved. In the first place Hardy never thought about editing or printing his plays before 1612. Add to this conjecture his lack of success in

Paris, his ever-present lack of financial resources, which might have enabled him to pay a printer, and we see still other obstacles in his path. But everything considered, Hardy's greatest stumbling block with regard to publication was the fact that Bellerose was the sole owner of the plays. Once printed, the plays could be used by rival companies. Hardy's *chef du troupe* wished at all costs to avoid this possibility (pp. 358-360).

It was no doubt Hardy's threat to leave Bellerose's employ that caused the latter to give in to the playwright's demands for publication rights. In 1623 Hardy brought out his *Théagène et Cariclée*, and the following year, the first volume of his *Théâtre* appeared. Volume two was printed in 1625, followed in 1626 by a third volume (which contains *La Force du sang*) and a second edition of volume one. Volume four, superior to the preceding ones for its elegance and correctness of printing,[13] was published in 1626. Two years later a fifth and final volume appeared. Volume two was reprinted, but not until 1632.

Garnier's *Bradamante* was representative of only one type of *tragi-comédie*, the historical or pseudo-historical.[14] In this later development of the genre, Hardy turned, among other sources, to contemporary fiction for the plot of *La Force du sang*. Cervantes had published his *Novelas ejemplares* in 1613, and they were translated into French by d'Audiguier in 1614 and by François de Rosset in 1615. It was probably in the translation of the latter that Hardy read "La Fuerza de la sangre,"[15] and we can assume *La Force du sang* was written after 1615. The play could possibly have been written even as late as 1626, since Hardy's *La Belle Egyptienne*, based on another of Cervantes *novelas*, dates from that year (p. 378).

Although Hardy's claim in the *argument* of the play that his subject is "representé avec les mesmes paroles de Cervantes" is certainly far from true, we see, nonetheless, a rather close adaptation of the *novela*. Act one begins with a *récit de songe* (an element of the *romanesque tragi-comédie* and, of course, missing from the original) by Pizare. His dream is a fateful forecast of the abduction of his daughter, an event which consequently occurs as the family takes an evening stroll by the banks of the Tagus. Alphonse (whom Cervantes calls Rodolfo and describes as a gentleman of around twenty-two possessing "la sangre illustre, la inclinación torcida, la libertad demasiada y las compañias libres") is the guilty party who, disguised, escapes with Léocadie. At the beginning of act two we are in Alphonse's room, and from his *récit* we learn that he has had his way with the girl, and that now he is searching for a means of leading her from the house without her remembering the place where her rape has taken place. Léocadie recovers from her swoon, but because of the exigencies of *décoration* and staging in the theater of Hardy's time, the heroine, contrary to her actions in the *novela*, is unable to move about and examine the physical properties and situation of the surrounding area. She simply remains in the half-obscurity, noticing no more than the drapes, rug, and bed. Blindfolded, she is led away. In the next scene, she reaches her parents' home and is able to reveal to them neither the name of her abductor nor the location of his dwelling. In the last scene of this act, on the advice of his father, Don Inigue, who wishes that he complement his education through foreign travels, Alphonse prepares to leave Toledo.

In the third act Hardy shows the most originality. In scene one Léocadie reveals her pregnancy to her understanding mother, a scene practically eclipsed in Cervantes. We learn that Don Inigue is to take part in a tournament, and suddenly in scene three we are transported to Italy where we encounter a remorseful Alphonse, absent in the *novela* until its final pages. Years of travel have given him maturity, and his friends Fernande and Roderic notice his change in temperament and spirit. Back in Toledo for the final scene of this act, Don Inigue, preparing to set forth for the tournament, comes to the aid of a seven-year-old boy who has been knocked down by a horse. In the injured boy Ludovic (to whom Hardy gives a small speaking part) Don Inique recognizes physical traits and features which are those of his own son. Ludovic asks for his mother.

In act four Léocadie, notified of the accident, arrives at Don Inigue's. The second and final scene of this act is the scene of recognition. Léocadie reveals to Alphonse's mother, Leonore, the events which have occurred; and as proof of her suspicions that she is in the house of her abductor, she alludes to a statue of Hercules which she found gropingly the night of her violation. (In Cervantes it is a crucifix which Léocadie produces as well as a confirmation of the exact number of steps which led from the room to the street.) Leonore accepts Léocadie and her son, and orders the return of Alphonse, with the idea that he is to marry Léocadie.

Act five unites the young people, and Hardy moves toward his happy ending which is a banquet to celebrate the marriage. The last scenes constitute a close adaptation of the original, although in the *novela* there is no formal avowal on the part of Alphonse that he wishes to marry the girl. In the last scene of Hardy's *tragi-comédie*, Léocadie, recovering from her swoon, hears her future husband express his joy at the prospect of their union. Another of Hardy's innovations here in the last scene of the play is the introduction of a *troupe de parents*. Hardy's *tragi-comédies*, *Arsacome* and *Théagène et Cariclée*, show a lyric chorus in the third act; but in *La Force du sang* the *troupe* is a non-lyric assemblage of guests who return Don Inigue's toast and compliment little Ludovic for his anxiety over his mother's condition.

Hardy's tastes may well have been those of an inherent

classicism; but in writing to meet a popular demand, not only did his artistry and accuracy suffer, but he found himself forced to submit to the freedoms of the *drame libre*. This meant that all unities except that of interest in the fate of hero and heroine were violated. *La Force du sang* covers a period of approximately eight years, and the scene is laid in both Spain and Italy. The shift in scene is aided, of course, by the *décoration multiple* of Hardy's theater, a carry-over from the stage setting of the Middle Ages. With such a system, therefore, several places within the city of Toledo could be depicted, as well as a setting representing Italy. This scenic arrangement was not without disadvantage, however, since the movement of the actors within each *compartiment* was obviously limited.[16]

Indicative of the lack of restraint in the pre-classical drama, *La Force du sang* contains certain violations of *bienséance*. It has been noted that words which are truly "grossiers" disappear around 1630, and that Hardy's *Théâtre*, the last volume of which appeared in 1628, "contient certain nombre de mots obscènes." For example, Pizarre employs the word "putains" in act one, scene three; and in act four, scene two, Léonore uses a rather strong term in chiding her son, calling him "bouc infect."[17] As for rape, we are reminded that it was considered suitable subject matter, at least for two pre-classical plays other than *La Force du sang*. In Rotrou's *Crisante* (1639), just as in the play under consideration, the violation occurs during the *entr'acte*. In Hardy's *Scédase*, however, the rape occurs on stage, or at any rate, the suggestion of it. One further disregard of the classical convenances remains to be mentioned—that of the pregnant heroine who is unmarried. Léocadie stands as a striking example in the pre-classical theater.[18]

*La Force du sang* is an example of the *tragédie-comédie romanesque*, characterized by a structural freedom which violates the unities of time and place; a non-historic plot in which the hero and heroine, usually of the aristocracy, move towards a *dénouement heureux*, which is accomplished most often through marriage. The comic element in this type is of slight importance, and here in *La Force du sang*, Hardy neglects it altogether, as he does in six other of his *tragi-comédies*.[19]

*La Force du sang* is illustrative of a genre which Hardy and his contemporaries raised to the most popular and extensively written form of dramatic production in France between the years 1600 and 1628. The rising generation of playwrights—Du Ryer, Mairet, Rotrou, and Scudéry among them—wrote many *tragi-comédies* during the thirty years which followed. The principles to which they adhered for the cultivation of the genre are those established by Hardy and his generation.[20]

This present edition is based on the original 1626 printing (found in volume three of Hardy's *Théâtre* and referred to in the notes as Hardy), on the Stengel edition cited above, and on the corrections of Eugène Rigal ("Le Théâtre d'Alexandre Hardy, Corrections à la réimpression Stengel et au texte original," *Zeitschrift für französische Sprache und Literatur*, XIII (1891), 204-228. Referred to in the notes as *RICOR*). To facilitate reading, *u* and *v*, *i* and *j* have been made to conform to modern usage; the punctuation and accentuation have been corrected and modified to some degree; unnecessary capitalization has been reduced; and the ampersand has regularly been replaced by *et*.

I am indebted to the National Foundation on the Arts and Humanities and to the General Research Fund of the University of Georgia for research grants which enabled me to prepare this edition.

James Herbert Davis, Jr.

Athens, Georgia

1. Eugène Rigal, *Alexandre Hardy et le théâtre français à la fin du XVI<sup>e</sup> et au commencement du XVII<sup>e</sup> siècle* (Paris, 1889), p. 102.

2. "Étude sur Alexandre Hardy," *Zeitschrift für neufranzösische Sprache und Literatur*, I (1880), 163.

3. *Le Théâtre d'Alexandre Hardy. Erster Neudruck der Dramen von Pierre Corneilles unmittelbarem Vorlaüfer nach den Exemplarem der dresdener und der wolfenbütteler Bibliothek von E. Stengel* (5 vols; Marburg, 1883-1884).

4. Wilma Deierkauf-Holsboer, "Vie d'Alexandre Hardy, poète du roi; quarante-deux documents inédits," *Proceedings of the American Philosophical Society*, XCI (1947), 328-404. Citations in parentheses refer to this monograph.

5. Rigal, p. 3.

6. Henry Carrington Lancaster, "Alexandre Hardy et ses rivaux," *Revue d'Histoire Littéraire*, XXIV (1917), p. 415.

7. Rigal, p. 36.

8. W. L. Wiley, *The Early Public Theatre in France* (Cambridge, 1960), p. 54.

9. Rigal, p. 37.

10. Wiley, p. 251.

11. Rigal, p. 64.

12. Henry Carrington Lancaster, *The French Tragicomedy: Its Origin and Development from 1552 to 1628* (New York, 1966), p. 101.

13. Rigal, p. 70.

14. See discussion in Marvin T. Herrick, *Tragi-Comedy. Its Origin and Development in Italy, France, and England* (Urbana, 1955), pp. 185-191.

15. Rigal, p. 244.

16. *Ibid.*, pp. 186-189.

17. Jacques Scherer, *La Dramaturgie classique en France* (Paris, 1950), p. 387.

18. *Ibid.*, p. 408.

19. Lancaster, *The French Tragi-comedy*, p. 138.

20. *Ibid.*, p. 147.

# ARGUMENT

Ce sujet representé avec les mesmes paroles de Cervantes son premier auteur, ne contient autre chose sinon que Leocadie jeune damoiselle d'excellente beauté fut en certaine promenade hors la ville de Tolede, ravie sur le soir entre les bras de ses pere et mere, par l'un des premiers et mieux apparentez gentils hommes de là, qui l'emporte chez luy toute évanouië, et en joüit au plus fort de sa pâmoison. Il luy bande puis aprez les yeux lors qu'elle s'est reconnuë et l'expose de la sorte au milieu de la ruë: elle retourne au logis paternel emportant pour remarque du lieu où on l'a violee, une image d'Hercule, et accoucha en suite au bout des neuf mois, d'un fils aussi beau que la mere, qui sert finalement en sa reconnoissance miraculeuse à luy reparer l'honneur par un heureux et legitime mariage.

## LES ACTEURS

| | |
|---|---|
| Pizare | Dom Inigue |
| Estefanie | Leonore |
| Leocadie | Francisque |
| Alphonse | Ludovic |
| Fernande | Chirurgien |
| Roderic | Troupe de parents |

# La Force du Sang

*Tragi-Comédie*

D'Alexandre Hardy, Parisien

# ACTE I

*Pizare, Estefanie, Leocadie*

PIZARE

L'Homme s'affranchiroit en sa course mortelle,
Des malheurs infinis que le destin revelle.
Sy ce voile du corps qui couvre nos esprits,
Des songes n'empechoit les presages compris,
Sy cest hôte importun en sa masse pesante                    5
Leur vol ne rabatoit quand quelqu'un se presente.
Mais accusons plûtôt mille horribles pechez
Qui nous ont ces presens celestes retranchez,
Depuisque l'âge d'or à un pire fit place,
Car ores le cristal de la meilleure glace                   10
Ne rapporte pas mieux les objects differents,
Qu'alors chacun lisoit ses destins apparents,
De Morphee-envoyez, chez qui (chose notoire)
La porte ne s'ouvroit qu'on appelle d'yvoire,
Porte fallacieuse ouverte aux songes vains                  15
Qui perdent mal conceus, les credules humains:
Las! du mien desastreux l'augure prophetique
Se reclame un moment de ce bon-heur antique,
Un moment qui voulut inspiré m'avertir
Comme on doit ce succes funebre divertir.                   20

ESTEFANIE

Vous m'avez mille fois et mille autres reprise
D'une folle creance à des frivoles prise,
D'une peur chimerique en ses illusions
Qui troublent le sommeil avec leurs visions:

PIZARE

La femme, un excrement imparfait de nature,                 25
Songe ainsi qu'elle parle en l'air, à l'avanture.

### ESTEFANIE

Pauvre femme toujours foulee, et sans raison,
Qui peut à l'homme en tout faire comparaison.

### PIZARE

Ouy comparable autant que quelque estoille sombre
A l'astre de nos jours, ou qu'un corps à son ombre:                    30

### ESTEFANIE

Soit, mettons le plus bas, et me dites, monsieur,
Quel spectre vous imprime une telle frayeur.

### PIZARE

Non frayeur autrement que la bonté supréme
Sur ce leger sujet ne dissipe de mesme,
L'heure estoit environ que l'horreur de la nuict                       35
Commence à disparoir sous l'aurore qui suit,
Et que l'oyseau de Mars, espion peu fidelle,
Nous annonce du jour la premiere nouvelle.
Que la moite fraicheur du matin coule aux yeux
Ces pavots que le somme à de plus gracieux:                            40
Alors me fut avis qu'une tourtre privée
Dans vostre propre sein tendrement élevée,
Qui ne prenoit sinon de nous deux le repas,
Qui nous suyvoit par tout docile pas à pas,
Rencontre de hazard la cruelle venuë                                   45
D'un grand aigle impourveu qui tombe de la nuë,
Qui ravisseur malgré nostre long effort vain,
L'emporte dans les airs disparoissant soudain.
D'epouvante transis, les yeux noyez de larmes
Chez qui le desespoir entretient ses allarmes,                         50
En fin elle retourne ainsi que du tombeau
Et veufve de l'email de son plumage beau,

4

Qui lamente honteuse une semblable perte,
Qui refuse d'abord nostre caresse-offerte.

ESTEFANIE

L'issuë . . .

PIZARE

      Patience, escoutez le surplus.          55
Bien que propos en l'air qui passent superflus,
A peu de temps mon œil veit ceste tourtre aymée
Plus gaye revetir sa plume acoustumée.
Et merveille, un petit luy sort sous l'aisle éclos
Ainsi qu'un orient qui se leve des flots          60
Gentil, poly, mignard, qu'on cherit, que lon baise,
De sorte qu'en sursaut je me reveille d'aise.

ESTEFANIE

Tousjours est-ce à mon conte en tel cas revenir,
Qu'un mal nous doit heureux tourner à l'avenir,
Que le fer qui la fait guerira sa blessure          65
Autre explication ne me semble plus seure.

PIZARE

A la mienne conforme il faut importuner
Par prieres, qui peut l'accident detourner,
Qui maistre du destin, mais qui le destin mesme
Verse sur l'univers sa clemence suprême.          70
Qui dans l'air maintesfois fait bruire son courous
Ne frappant que l'orgueil des rocs au lieu de nous.

ESTEFANIE

O que vous dites bien: l'humaine prevoyance
Qui s'ose prevaloir de sa propre science

Succombe, precipite, et perd l'audacieux                          75
Qui ne la tient qu'en fief du monarque des cieux,
Medecin pitoyable envers ses creatures
Des presentes douleurs ainsi que des futures,
Lors qu'une pleine foy reclame sa bonté
Et que nous ne mouvons que de sa volonté.                          80

PIZARE

Resolus à ce point, le long de la riviere
Achevons maintenant la promenade-entiere,
Exercice du corps salubre, joint qu'aussi
Tel plaisir me pourra dissiper ce soucy.


SCENE II

*Alphonse, Roderic, Fernande*

ALPHONSE

Mis à mesme le chois des fortunes du monde                          85
Ou des vœux que jadis le souverain de l'onde
Au brave fils d'Aegée octroya, devinez
Duquel jaccepteroy les dous fruits moisonnez,
Duquel se borneroit l'affection contente,
Quiconque soudra mieux l'enigme sans attente                       90
S'asseure d'obtenir une discretion
Qui merite trouver telle solution.

RODERIC

Possible enviez vous les lauriers d'Alexandre.

ALPHONSE

Oncques une fureur ne me fit là descendre.

Amoureux de nature il y auroit danger                    95
Que le sort desiré du Phrygien berger
En la possession d'une beauté divine,
Ou vise ce souhait à peu prez je devine:

Vous n'en allez pas loin, toutefois rechercher
Une estrange beauté qui me coustat si cher              100
Nullement: la victoire à peu de peine aquise
Et à peu de peril, j'estime plus exquise?

Pourveu de ce rameau qui conduit aux enfers
Qui met la liberté des plus chastes aux fers,
Tolede ne connoist dame qui vous refuse,               105
Venaison qui s'eschape encore qu'elle ruse,
Qu'elle ne tombe pas prise de plein abord
Premier que destourner on la tire du fort.

Mes feux impatients ne souffrent de remise
N'ayment qu'une faveur dessus l'heure permise,         110
Asseurez de l'espoir de joüir tout soudain
Ils ne vivent jamais jusques au l'endemain:

Vous avez à choisir ces courtisanes belles
Ou la feinte messiet, qui ne font les rebelles,
Qu'au leurre de l'argent remué dans le poing           115
Fretillardes on void acourir de plus loin
Que le meilleur oyseau, que ne vollent legeres
A l'airain resonnant les mouches mesnageres,

Sans attendre voila rencontrer le fruit meur.
Voila traiter un homme au gré de son humeur. 120

ALPHONSE

Humeur qui pourtant lasse és viandes trop communes,
La mienne choisiroit entre ces deux fortunes
Un plaisir desrobé, selon que le hazard
Addresse chez quelqu'une affrontée à l'écart,
Jupiter, ce dit on, amoureux de la sorte 125
Despouillé du pouvoir et du foudre qu'il porte
Se plût à decevoir nos mortelles beautez
A cueillir violent ainsi leurs chastetez
Toutesfois ce dessein tranche du temeraire
Facile à concevoir, perilleux à parfaire. 130

RODERIC

Perilleux he! comment? ô la simplicité,
Perilleux à qui tient en bride sa cité?
Sous l'appuy paternel, appuy du premier homme
Que Tolede en vertus et noblesse renomme,
L'heure propre aux larcins de la mere d'Amour 135
Faisons dehors la ville ensemblement un tour
Promenade frequente à nos plus belles fees
Qui prennent là le frais à cottes degraffees:
Reconnuës de l'œil, un clin suffit aprez
On forgera subtils quelque querelle exprez 140
Affin de vous ravir la beauté desirée
En lieu seur et secret prestement resserrée.
Qui luy soit inconnu, qui plein dobscurité
Ne donne à discerner aucune verité,
Qui jusques à la soif esteinte detenuë 145
La puisse renvoyer ainsi qu'elle est venuë,
Marchons le cœur me juge un succés amoureux
Capable de vous rendre et content et heureux.

Ores que la plus-part de la presse écoullée,
Que l'obscure noirceur nocturne devalée                    150
Tire nos citoyens chacun dans sa maison
L'entreprise parvient à sa juste raison
On se pourra jetter dessur l'arriere garde
De ceux qui les derniers feront mauvaise garde
A l'exemple du loup que tapy dans le bois                  155
Une rage de faim a reduit aux abbois
En faveur du brouillas ou de l'ombre nuiteuse
Il fond sur le troupeau que sa dent impiteuse
De nombre diminuë, et malgré le berger
Emporte sa curée affranchy du danger,                      160
Silence, j'apperçoy venir sans autre suite
Deux dames, un vieillard leur servant de conduite
Fixe d'œil avisez maintenant de choisir
On vous en va donner (heurtées) le loisir.


## SCENE III

*Pizare, Estefanie, Leocadie,*
*Alphonse, Roderic, Fernande*

**PIZARE**

Indiscrets, impudents, folle folle jeunesse,              165
Ce n'est à mes pareils qu'en la sorte on s'adresse
La ruë volontiers peu large ne suffit
Sans coudoyer ainsi ce qu'onc homme ne fit,
Un seul n'entreprendroit qu'à son desavantage,
De plus mauvais que vous ont connu mon courage.           170

9

**ESTEFANIE**

Monsieur laissons les la, que semblable couroux
Quelque pire accident n'esclatte dessur nous.

**PIZARE**

Les effrontez oser, intolerable audace,
Comme on fait aux putains vous regarder en face!

**ESTEFANIE**

Telle indiscretion ne presuppose rien                    175
Que fort peu d'asseurance-entre ces gens de bien.

**PIZARE**

La justice à dequoy chastier l'insolence.

**ESTEFANIE**

Miserable confort aprez leur violence.

**LEOCADIE**

He! bon Dieu que j'ay peur . . .

**PIZARE**

                          Ma fille, ne crain pas . . .

**ESTEFANIE**

Mon amy pour le mieux, doublons un peu le pas:        180

**PIZARE**

Au contraire montrants quelque indice de crainte
Ils nous pourroient donner juste cause de plainte.

**LEOCADIE**

Un souris remarqué m'apporte de l'effroy.

Je mourray paravant que lon s'addresse à toy,
Sus premieres marchez avec mesme asseurance          185
Que qui d'aucun peril ne verroit l'apparence.

ALPHONSE

O le beau coup failly, indigne desormais
Pareille ocasion je n'espere jamais.

RODERIC

Avez vous la miré quelque sujet capable?

ALPHONSE

Ouy, de l'ire d'amour trop laschement coupable.          190

FERNANDE

Une à vostre gré belle?

ALPHONSE

                              Une de qui les yeux
Monstrent dedans la nuict deux soleils gracieux,
Une divinité qui me desrobe l'ame
Une qui n'est qu'appas, que charmes, et que flame:
Vous n'avez point de veuë ou ceste autre Cypris          195
Deust avoir l'approchant vos courages espris.

RODERIC

Que sert plus de discours? belle ou laide n'importe
Agreable suffit que d'assaut on l'emporte,
Que de se reconnoistre elle n'aye loisoir
Ains que de toutes deux on vous donne à choisir          200
Sus en besongne apres . . .

ALPHONSE

L'ordre de l'entreprise
Veut que lon face peur à ceste barbe grise
La pointe de l'espée au gosier luy portant,
L'autre n'à que la vieille à saisir s'esbatant:
A bras de corps tandis je chargeray ma belle     205
D'une cource au logis fugitif avec elle
Chacun s'escarte adonc, et ne me suyve pas,
Mesme chemin tenu remarqueroit nos pas.

FERNANDE

Maxime indubitable, or sus à toute bride,
Fondons et sans delay sur ce troupeau timide.     210
Qui tasche à son pouvoir de gagner le devant,
Et semble du dessein avoir senty le vent.

LEOCADIE

Mon pere les voicy revenir en furie.

ESTEFANIE

Sois nostre protecteur, ô bon Dieu, je te prie:

RODERIC

Tuë, tuë, demeure, arreste ou tu és mort.     215

PIZARE

Helas! mes bons amis ne m'outragez à tort . . .

LEOCADIE

Au secours, à la force, helas! je suis perduë

PIZARE

Brigands outrepercez ceste gorge tenduë
Plustost que me voller en ma fille l'honneur.

LEOCADIE

A la force il me clost la bouche, le volleur: 220

ESTEFANIE

Ma fille, ma chere ame! ô barbare infidelle
Souffre que je la suyve ou me tuë avec elle
Ma fille, mon espoir, meurs constante premier
Que de ta chaste fleur un brigand premier.

PIZARE

A l'aide, citoyens, on me tuë, on me volle, 225
Ma fille entre mes bras enlevée on violle.
Tu parles aux rochers appelant du secours
Les cieux et les humains à ceste heure sont sourds,
Des cieux et des humains la presence ennemie
Ne peut que divulguer ores ton infamie 230
Tardive ne scauroit le naufrage empescher
Le naufrage fatal de ce qui m'est plus cher
O miserable ville où la force brigande
D'un amas infiny de feneants commande
O vieillard deplorable! ô pere malheureux, 235
O siecle perverty! ô destins rigoureux
Mamie où estes vous? las par terre pasmée
Luy auroit point Cloton la paupiere fermée.
Mamie revenez! hé revenez à vous
Compagne des regrets d'un miserable espoux. 240

ESTEFANIE

Ah! monsieur que je suis et debile et confuse
Et que, vive, le ciel d'une injustice m'use . . .

PIZARE

L'extreme affliction, extresme tellement
Qu'elle ne peut passer au dela nullement,

Arrache ces propos jectez à la vollée                   245
Conceus du desespoir d'une ame desolée
Sy faut il se resoudre, il faut croire qu'un Dieu
Sçaura remedier au mal en temps et lieu,
Par moyens inconnus que tient sa providence
Qu'un miracle produit à coup en évidence:          250
Humiliez de cœurs, allons dans la maison
Sa pitié reclamer qui nous fera raison.

*Alphonse, Leocadie*

ALPHONSE

L'impatiente soif de ma fievre appaisee,
Glorieux possesseur d'une victoire aysee
Plus que ne presumoit ma flame, butinant                    255
Ceste virginité capable du tonnant
Ceste virginité que de crainte pasmee
La belle à mon avis ne croit pas entamée,
Ou que feinte agreable elle veut ignorer
Qu'à l'effort insensible elle veut referer:                 260
Mon desir tant y à satisfait mettra peine
Que son sejour icy de scandale n'ameine,
Seulette la dedans recluse avec ses pleurs
Qui ne guerissent plus de pareilles douleurs,
Je sors pour consulter ma brigade fidelle                   265
Sur ce que maintenant nous devons faire d'elle
Change d'opinion, reserve plus discret
Les faveurs à toy seul d'un amoureux secret,
Tu irrites le ciel plus qu'à ta violence
De n'ensevelir point la chose soubs silence,               270
De ne luy reparer, trop cruel ennemy,
La perte en te taisant de l'honneur à demy,
Ne dire informé d'eux qu'un remors dessur l'heure
Que les cris innocents d'une vierge qui pleure
Te la firent lascher entiere, joint qu'aussi               275
La peur de l'advenir te tenoit en soucy:
Reste que sa sortie importante ne puisse
Discerner ne logis apres par nul indice:
Chose plus que facile, un bandeau sur ses yeux

Mille tours et detours refaits en divers lieux,                    280
Fuitif je luy lairray chercher son avanture
Allons donc y pourvoir: et au cas qu'elle endure
Une derniere fois en son sein moissonner
Ce qui ne peut redit que me passionner:


LEOCADIE

Où suis-je? quel enfer de honteuse misere                          285
Aux ceps du desespoir m'atache prisonniere?
Que ne me ravis tu la vie aprez l'honneur
Infame scelerat envieux de mon heur?
Si ravir neantmoins tu reputes possible
Quelque contentement d'une souche insensible,                      290
Parle, respond perfide execrable, où es tu?
Mais où le rouge esclat de ce foudre tortu
Qui frappe des rochers les innocentes cimes
En connivant pardonne à l'horreur de tels crimes
Cas estrange mes mains ne rencontrent que l'air                    295
Et bien que parmy l'ombre on entende plus clair
Aucun bruit ne parvient à l'oreille tenduë
Comme dans un daedale égarée et perduë
Taschons à remarquer la chambre ou retenir
Un signal au volleur funeste à l'avenir,                           300
Le moyen? tout fermé les rayons de la lune
Ne trouvent d'ouverture à leur lumiere brune,
Ce lict en broderie et ces riches tapis
Presagent que le sort ne me peut faire pis,
Qu'un superbe appuyé sur sa riche famille                          305
Mon precieux tresor impunement me pille.
Courage ne sçay quoy se rencontre à la main
Que gage malheureux je serreray soudain
La porte ouvert craque:

Or sus, or sus, mauvaise,
Veux tu pas derechef que ma flame j'appaise?                310

LEOCADIE

N'attente desloyal et ne t'ingere pas
D'exposer ma pudeur à un second trespas,
Le passé te suffise envers moy de la sorte,
Que ces songes menteurs que le jour nous emporte,
Puis que la volonté purifiant ce corps                315
N'a consenti barbare à tes sales efforts,
Que tu n'a que joüy d'une roche glacée;
Mais la vigueur chez moy maintenant replacée,
D'ongles, de poings, de dents je deffigureray
Ta monstrueuse face, et ne l'endureray,                320
Fay mieux, aveugle moy d'un bandeau le visage,
Sy la punition tu crains d'un tel outrage.
Quelque part remenée en la ville où soudain
Tu me disparoistras comme un phantosme vain,
Où l'addresse trouvant du logis de mon pere                325
J'aille luy descouvrir ta pointure, ô vipere.

ALPHONSE

Tu n'en seras desdite, or sus preste la main,
Que par l'obscurité je te mette au chemin.

## SCENE II

### Pizare, Estefanie, Leocadie

#### PIZARE

Veuf de l'unique appuy de ma foible vieillesse,
Accablé de malheurs, d'ennuis, et de tristesse,              330
Que tarde plus la parque à desourdir mes jours?
Qu'un froid marbre poudreux ne m'enserre à toujours?
Mourir sans se venger de l'injure soufferte.
Et sur qui ne scachant les autheurs de ta perte,
Qui coupe en trahison la gorge à ton honneur,              335
Qui ta fille ravie éclipse ainsi ton heur,
Mais une crainte helas! pire me desespere
Que non content apres de pareil vitupere,
Ce volleur impiteux massacre mon enfant
D'un licol où dans l'eau ne me l'aille estouffant.              340

#### ESTEFANIE

Ah! que vous me tuez aux paroles tenuës,
Sy grandes cruautez rarement avenuës
Ne la rencontreront: le ciel son deffenseur
Molira le courous du felon ravisseur,
Couroux! à quel sujet? ceste beauté pucelle              345
Lanceroit de pitié une vive estincelle
Dans l'ame des rochers, des tygres, des lyons,
Les plus cruels vainceurs lors que nous supplions
Pardonnent maintesfois et n'ont pas le courage
D'opprimer le chetif que la fortune outrage.              350

#### PIZARE

Pensez que la frayeur du supplice au pervers
A de mille innocents les sepulchres ouverts.

ESTEFANIE

Il se peut faire aussi que l'heureux hymenee
Repareroit l'excés d'une ardeur forcenee.

PIZARE

Que ma fille espousast un corsaire effronté?             355
Jamais, jamais, au moins avec ma volonté.

ESTEFANIE

Las! helas incertains seulement de sa vie,
Vous disposez d'un gendre au gré de vostre envie.

PIZARE

Cela n'augmente pas ne descroist son malheur.

ESTEFANIE

Et qui auroit encor nouvelle du volleur . . .          360

PIZARE

Attendon la du ciel qui la garde certaine,
Toute recherche ailleurs est dommageable et vaine:

ESTEFANIE

Pourquoy?

PIZARE

                 Nous divulguer du rapt deshonorez
Est mettre la cautere à des maux déplorez.

ESTEFANIE

Ouy certes . . .                                        365

PIZARE

                 Au surplus l'enqueste precipite
Contre elle du brigand arme la main depite
De son salut victime et de son desespoir.

Recommencez mes yeux maintenant à pluvoir,
Non l'humeur de cerveau qui manque à vos fonteines,
Mais le sang espuisé qui coule dans mes veines                    370
L'ame triste exhalée en ces bouillons fumeux,
En ces rouges boüillons de collere écumeux
Contre un destin cruel qui ne nous sçauroit dire
En telle ocasion le sujet de son ire:

PIZARE

Tout beau! possible helas qu'elle porte le faix              375
Deplorable en cela de nos propres forfaicts,
Ou que du tout puissant la haute préscience
S'en veut servir d'espreuve à nostre patience,
Espreuve salutaire à touts les gens de bien
Qui sous sa main rangez ne murmurent de rien.              380

ESTEFANIE

Sy elle avoit payé le tribut à nature,
Du ventre maternel mise en la sepulture,
Esteinte d'une cheute ou d'un embrasement?
Sa perte passeroit chez moy plus doucement;
Mais crevecœur! apres que pudique élevee              385
Ceste plante d'honneur on avoit cultivee
Sur le point de fleurir, sur le point de germer
Maints beaux neveux, qu'eust fait la vertu renommer,
Un hyver la surprend, un hyver la devore,
Un Paris à nos yeux ravie la deflore.              390
Desastre incomparable! excessive douleur!
Ah! bon Dieu la voicy, qui surcroist de malheur,
S'arrache les cheveux, se deschire la face,
Signe trop apparent d'une horrible disgrace.

Pendante à vos genoux mon refuge dernier,                    395
Le naufrage encouru ne se sçauroit nier,
On lit dessur ce front l'infortune passee
En ma pudicité n'agueres trespassee,
Fille indigne de vous, fille indigne du jour,
Veüillez donc expier mon crime à mon retour.                 400
O expiation frivole, mal eleuë
Offrir en sacrifice une hostie polluë
Ne vous peut appaiser, et je ne croiroy pas
L'offense reparer souffrant mille trespas.

PIZARE

Leve toy mon soucy, chaste quand au courage,                 405
Tu n'as de ce mastin que redouster la rage,
Elle ne ternit point la blancheur de ton los,
Reprime ce torrent, reprime ces sanglots.
Quiconque le peché n'approuve dedans l'ame,
Ne se charge non plus de peine que de blame,                 410
Autrement il nous est le plus à reprocher
Qui presents et voyants n'avons peu l'empescher.

LEOCADIE

Le sort de ce meschef tombé sur moy chetive,
Monstre que desormais ne faut plus que je vive.

ESTEFANIE

Le sort de ce meschef affige égallement.                     415

LEOCADIE

Son douloureux effet m'afflige seulement.

PIZARE

Malgré ce ravisseur tu demeures entiere.

**LEOCADIE**

Qui plus que moy croyable en pareille matiere?

**ESTEFANIE**

Coupable tu n'avois besoin de revenir,
Voicy le propre bras qui te voudroit punir.     420

**LEOCADIE**

Mon forfait deferé qui se touche palpable,
Vous ne pouvez m'absoudre et moins croire incoupable.

**PIZARE**

Tu offenseras plus à t'obstiner ainsy
Qu'à l'effort enduré d'un brigand sans mercy.

**LEOCADIE**

Hélas! le desespoir m'extravague incensee     425
Qui parle à l'avanture et outre la pensee.

**ESTEFANIE**

Quel bon hazard encor te sauve de leurs mains?

**LEOCADIE**

Un seul qui m'emporta le pire des humains
En sa chambre la nuict prisonniere tenuë,
De l'aurore plustost n'a senty la venuë,     430
Que me bandant les yeux après plusieurs destours
A l'impourveu laissee entre deux carrefours,
Libre adonc ignorant la route de sa fuite,
Je me suis peu à peu jusqu'ici reconduite.

**PIZARE**

Malheur! malheur estrange! horrible affliction!     435
Et où du ciel paroist la malediction,

N'avoir peu remarquer le logis, la personne,
N'avoir à qui se prendre ains qui mesme on soupçonne:

### LEOCADIE

Ce repaire enrichy de meuble precieux
Prouve que le volleur se fie audacieux                    440
En sa fortune haute, opulente, asseuree
De parents, de credit, qui l'injure enduree
Peuvent sous la faveur la justice opprimer,
Or ce gage emporté le va mieux exprimer,
Qu'aveugle tastonnant seule en sa chambre close,         445
D'avanture j'ay pris à faute d'autre chose.

### PIZARE

Chef d'œuvre buriné du preux Alcide enfant,
Deux serpents au berceau de ses mains estouffant,
O heros immortel qui nettoias la terre
De monstres, de tirans, sainte et loüable guerre,        450
Sy tu fuis quelques fois, hé de grace revien
T'aquerir un renom qui passe l'ancien,
Vengeur exterminant ces monstres qui renaissent
Et de l'honneur des bons devoré se repaissent.

### ESTEFANIE

Plus on l'entretiendra sur tel fascheux discours,        455
Moins sa douleur prendra et d'issuë et de cours.
Entrons dedans ma fille, entrons que je te couche,
Que de ce desespoir la pointe je rebouche,
Ma consolation prise en particulier
Servira d'antidote à ce mal singulier.                   460

### LEOCADIE

Madame, confinez, confinez moy chetive
En quelque antre effroyable où le soleil n'arrive

Où l'horreur m'acompagne, où captive à jamais
Mon infamie au jour ne sorte desormais.

Sçache que tu ne perds chez nous ta renommee 465
Que tu ne seras moins qu'au precedent aymee,
Mais à condition de moderer ce deûil
Qui ton pere soudain jette dans le cercüeil.


## SCENE III

*Dom Inigue, Alphonse*

DOM INIGUE

Tu pourrois posseder les richesses d'Attale,
Du vieil roy de Phrygie, ou celles de Tantale, 470
Noble d'extraction plus que les Miniens,
On mesprise aujourd'huy la noblesse et les biens,
Sy l'homme ne s'illustre en son propre merite
Sy le vif aiguillon des vertus ne l'irite,
Cueillant avantureux aux pays estrangers 475
Le rameau de la gloire au milieu des dangers:
Car oisif consommer en delices son aage
Dessous le ciel natal vient d'un lasche courage.
C'est comme la tortuë une coque habiter
Qui pesamment se traisne et qu'on n'ose quiter, 480
C'est demeurer banny des bonnes compagnies,
Sy tu n'as veu ta place entr'elles tu te nies,
Chacun te monstre au doigt par forme de mespris,
D'un tardif repentir en la vieillesse pris,
Que tu n'employas mieux la saison printaniere, 485

Mon vouloir au surplus est la raison derniere.
Qui t'impose une loy de courir quelque temps
L'Italie visitee, où les esprits contents
Goustent diverses mœurs en diverses provinces,
Que des communautés gouvernent, ou des princes. 490
Tu n'en vaudras que mieux, et au proche retour
Moissonnes des plaisirs infinis à ton tour,
Bien venu, bien receu de ta ville informee
Que tu auras ailleurs porté sa renommee,
Une femme à choisir, veu que ma qualité 495
Dans Tolede par tout trouve l'égalité.
Bref ce voiage fait, Alphonse presuppose
Que ta fortune après heureuse se repose.

ALPHONSE

Monsieur, assez de fois un semblable desir
Me transporte et me vient le courage saisir, 500
A moy mesme odieux de ma faineantise
Et qui (je le diray sans aucune vantise)
N'aprehenday jamais fatigues, ne danger,
N'estimant rien heureux au pris de voyager
D'apprendre cà et là ce qui se passe au monde, 505
Quelle plaige en esprits, quelle en armes feconde,
Affin de ne rester ignare à l'advenir,
Lors que d'un bon discours on veut s'entretenir,
Que chacun ses erreurs diversement rapporte:
Donc puis que le vouloir à ce dessein vous porte, 510
En l'execution plus prompte git mon mieux,
Ne faisant que languir d'un sejour ocieux.

DOM INIGUE

L'oiseau de Jupiter en son aire n'a garde
D'esclore genereux la colombe coüarde,

La lionne jamais de biche ne conçoit,                    515
Le moulle que sa forme emprainte ne reçoit:
Ainsi n'empruntes tu ceste loüable envie
De preferer l'honneur immortel à la vie.
Ainsi demeures tu le pourtrait, le flambeau
Qui nous venge tirez de l'oubly du tombeau,              520
Persiste magnanime à fouler ces delices,
Que seme la richesse amorce de tous vices.
Au surplus je te veux d'equipage pourvoir,
Et d'un train qui de moy digne te face voir
Qui servent à t'enfler le cœur, or je t'avise           525
Qu'outre Naples, Milan, Rome, Gennes, Venise,
(Florence aussi du nombre) on n'a que plus chercher
De rare en l'Italie, ou qui puisse alleicher.


ALPHONSE

Les principales fleurs de ce parterre veüës,
Selon l'ordre prescrit l'une apres l'autre éleuës,       530
Ma curiosité se satisfait assez.


DOM INIGUE

Des Alpes au retour les haults monts traversez
La Gaule se presente en peuples plus feconde
Que l'Espagne beaucoup: qui semble un autre monde,
Peuples civilisez, conversables, courtois               535
Qui n'ont rien d'arrogant comme nos Iberois
Qui ayment une humeur ouverte et familiere,
Non la nostre de soy cauteleuse et altiere.
Voy de t'acommoder selon les nations,
Et de faire au besoin ceder tes passions:               540
Ainsi jadis aquit Ulysse nom de sage,
A travers les perils se trouvant un passage.

Vos bons enseignements en l'ame conservez
Et d'Ourse et de Zenits au voyage observez
Le feront prosperer sous la faveur celeste.                    545

DOM INIGUE

Sans elle il n'y a rien qu'encombreux et moleste,
Sans elle nous n'avons icy bas qu'esperer,
Allons dessur ta suite ores deliberer.

# ACTE III

## SCENE I

*Estefanie, Leocadie*

Te veux tu distiller en larmes continuës
Qui ne revoqueront les choses avenuës?                    550
Qui me fendent le cœur d'une tendre pitie,
Je n'ay plus de pouvoir ou toy plus d'amitié,
Puis que raisons, conseil, remonstrances, priere,
Ne repriment encor leur humide carierre:
Que tu te plais rebelle à souspirer tousjours          555
Affin que tels souspirs precipitent mes jours,
Pardonne à ta douleur ma fille qui presente
De ces plaintes avoit excuse suffisante.
Mais le temps medecin de nos calamitez
Ne permet recourir à ces extremitez,                     560
Nul pire traictement chez nous ne te moleste,
On diroit neantmoins que l'appareil funeste
Ainsi que condamnee au supplice t'attend,
Souspireuse tousjours, l'œil sans fin dégoustant.

LEOCADIE

Ces souspirs et ces pleurs, penitence legere,          565
N'égalent un reflus de nouvelle misere.

ESTEFANIE

Quel reflus? et où pris? parlons avec raison,
N'ayant depuis ce coup sorti de la maison.

LEOCADIE

Le malheur a chez moy ses portes inconnuës,
Ouvertes quand il veut à toute heure tenuës.            570

33

L'effort du scelerat possible . . .

LEOCADIE

                          Traistre effort,
Qui donne à mon honneur une seconde mort.

ESTEFANIE

Soit que ce soit, mon heur tu ne me le dois taire,
De tes infirmitez fidelle secretaire.

LEOCADIE

Ma turpitude enorme assez tost paroistra,          575
Et d'un objet honteux son remors acroistra.

ESTEFANIE

Pourquoy? si ce ne sont qu'effects de la nature
Comme lors qu'on se sent eslargir la ceinture.

LEOCADIE

O terre! ô terre, mere entr'ouvre ton giron
Et me plonge au plus creux des gouffres d'Acheron.   580

ESTEFANIE

Te preserve le ciel de pire maladie.

LEOCADIE

Pire?

ESTEFANIE

       Ouy, le silence à cela remedie.

LEOCADIE

Le silence eternel mon remede certain
Porte sa guerison, mais je l'implore en vain.

Et bien c'est un enfant que le hazard nous donne.                    585

Mais un cruel fleau qui d'horreur m'environne.

Fay la desesperee autant que tu voudras
Je le desire nud tenir entre mes bras.

Je desire aussi voir la race de vipere,
Sous mes pieds écrazee, en vengeance du pere.                    590

Tu ne me sçaurois pas d'avantage fascher
Que semblables propos indiscrette lascher.

Vous voulez que j'approuve, et que je face conte
Du triste monument qui s'erige à ma honte.

La nature t'oblige en sa premiere loy,                    595
D'aymer un fruit vivant qui sortira de toy.

Fruit dont l'arbre merite une flame allumée.

Mais tel fruit de ton sang creature formée.
Aimable en l'innocence, ignorant qui l'a fait,
Bref sa cause produit mauvaise un bon effet.                    600

LEOCADIE

Un bon qui de ma fleur virginale me prive?


ESTEFANIE

Ouy bon puis que des cieux le chef d'œuvre en derive.


LEOCADIE

On auroit beau flatter ma poignante douleur,
Beau donner à mon crime une sombre couleur,
Le soleil qu'odieux ne me sçauroit plus luire,          605
L'air polu de ce rapt mon desastre souspire,
La terre qu'à regret ne supporte mes pas,
Ma vie est une suite horrible de trespas,
Un enfer de langueurs, une prison cruelle
Qui ne me tiendra plus guere de temps chez elle.          610


ESTEFANIE

Appaise mon soucy tes regrets violents,
Nous ne sommes pas moins du desastre dolents
Toutesfois avenu sa necessité dure
Veut que sans refraichir tel ulcere, on l'endure,
Tu crains que ta grossesse apporte un mauvais bruit,          615
Espouventable esclair que ce tonnerre suit;
Mais ma fille on sçaura prevenir ce diffame
Je ne veux employer que moy de sage femme,
Qui moy qui te delivre outre l'affection
Instruire à ce mestier jusqu'en perfection.          620
Cela vaut fait, apres la maternelle cure
Une nourice au champs discrette te procure,
Qui sous nom supposé ta race elevera
Et le los precedent chaste conservera:
Mais octroie remise, une tréve à ces plaintes,          625
A ces profonds sanglots, à ces larmes espreintes.

Et ne me pense plus furieuse meurtrir,
Plus les fleurs de ce teint en la sorte flestrir,
A peine d'esprouver ma haine meritee,
De ne voir desormais ta mere qu'irritee,                    630
Ains de precipiter parricide, en ce deüil
Qui n'est plus de saison, sa vieillesse au cercüeil:

LEOCADIE

Madame pardonnez ce qu'une ame confuse
Profere en desespoir de la raison percluse,
Pardonez aux regrets que ma pudicité                        635
Immole sur sa tombe en telle adversité,
Quiconque les pourra moderer dessur l'heure
De l'outrage enduré consentante demeure,
Insensible à l'honneur que vous m'avez tousjours
Enseigné preferable à la suitte des jours,                  640
Or plustost que commettre une impieuse offense,
Que ne les reprouver selon vostre deffense,
Ma force entreprendra sur elle: et mes ennuis
Au jour ne seront plus remarquables produits,
Je les devoreray: leur aigreur adoucie                      645
Avec vostre bonté qui de moy se soucie.

ESTEFANIE

Courage cher espoir, les maux plus déplorez
Obtiennent maintesfois sous les cieux implorez
Une agreable issuë, une fin plus heureuse,
Que n'en fut l'origine horrible et funereuse,               650
Combien estimes tu devoir encor aller?

LEOCADIE

Helas! je sens un faix douloureux devaller
Qui presse sa sortie et d'espreintes cruelles

37

Me travaille le corps jusques dans les moüelles,
Et neuf lunes tantost s'accomplissent depuis          655
Qu'en ce piteux estat langoureuse je suis.

ESTEFANIE

Patience mon heur espere apres la pluie
Un serain gracieux qui tes larmes essuie,
A ce mal violent succedera le bien
Sur ma parole croy que ce ne sera rien.          660


## SCENE II

*Dom Inigue, Francisque*

DOM INIGUE

Le coursier genereux quoy qu'abatu de l'âge,
Quand la trompette bruit releve son courage:
Le prince naturel des hostes bocagers,
Jusques dans le tombeau neglige les dangers,
Sy tost que l'aiguillon de la faim le tourmente,          665
Que l'importun veneur son desespoir augmente,
Et qu'il entend beugler par les prez au printemps,
Des taureaux orgueilleux pour l'amour combatants:
Ainsi le cours sur moy revolu des annees,
Au nombre glorieux des palmes moissonnées,          670
N'empesche que le cœur dedans ce sein vieillard
Au bruit comme jadis ne tressaute gaillard,
De ces jeux martiaux frequents à la noblesse,
Jeux qui font à l'envy paroistre son addresse,
D'une bague couruë avec dexterité          675
Le pris de la carriere au combat merité,

38

Athlete indifferent, duit à tels exercices,
Ils ne me tiennent lieu que de cheres delices.
Plus vigoureux d'effort, l'espreuve en fera foy,
Qu'un tas d'effeminez enfants au pris de moy:            680
S'offre s'offre qui veut à la masse, à la lance,
Ce bras reprimera sa brusque violence
Tenant ou assaillant: mais on vient m'advertir
Le tournoy preparé qu'il est temps de partir.

FRANCISQUE

Monseigneur la barriere ouverte vous demande,        685
Où d'un monde guerier la foule se desbande,
Par scadrons arrangez, superbes d'appareil
Que le bruit des clairons anime, tout pareil,
A celui de deux camps opposez en bataille,
La fleur des citoiens qui borde la muraille            690
Au spectacle acourus et plus qu'onc esbahis
Desirent voir en vous l'ornement du païs,
Tant qu'ils l'ont envoyé prier en diligence
Venir à celle fin que l'esbat se commence.

DOM INIGUE

Ma lance, mon cheval, et mon espee aussi,            695
Viste ho la dedans, he suis je encor icy?
Rentrons, toy, va tirer mon barbe de l'estable
Au regard de la bague aventage notable,
Apres que l'on m'ameine en bride le courçier,
Plus qu'oncques Bucephale et adroit et guerier:        700
Sans doute qu'avec eux une double couronne
Avant que retourner tout le front m'environne.

39

SCENE III

*Alphonse, Fernande, Roderic*

ALPHONSE

Que la volupté sorciere de nos sens,
Circé qui les transforme en lions rugissants
Produit de peu de joye une longue tristesse,                    705
Combien il fait mauvais la recevoir hostesse,
Ceux qui l'auront logee asseurez au partir
D'un salaire fatal et honteux repentir.
Asseurez de nourrir dans l'ame bequetee
L'aigle perpetuel du hardy Promethee                           710
Depuis que sa fureur brutale en cruauté
Au rapt m'emancipa d'une chaste beauté,
Ne sçait quel aiguillon maniaque me reste
Peu s'en faut compagnon du parricide Oreste,
Qui pense chaque jour ceste vierge revoir                      715
Les cieux à ma ruyne et l'enfer émouvoir,
Horrible en cris piteux plomber son sein d'yvoire
S'arracher les cheveux, sacrilege notoire,
O damnable! surprise? ô pauvre fille helas!
Qu'un inique destin te jetta dans nos lacs,                    720
Qu'un inique destin forclot mon malefice
De te pouvoir offrir la vie en sacrifice,
Te pouvoir amander l'abominable excez
Qui me donna chez toy cest illicite accez:
Ah! quel trouble importun m'assaut la conscience,             725
Et demy furieux l'emplit d'impatience,
Sy tost que le penser passe en ce souvenir,
Mais apperçoy-je pas mes complices venir,
Complices de l'erreur amoureuse commise,
Ains image à mes yeux de l'offense remise.                     730

Sur quoy ruminez vous solitaire à l'escart?

ALPHONSE

Sur chose qui jamais de la dedans ne part.

FERNANDE

Je confesse avoir tort, l'indiscrette demande
Meritant ce refus de legitime amande.

ALPHONSE

Rien moins: une amitié stable par tout ailleurs,     735
Vous voudroit obliger en des sujets meilleurs.

RODERIC

Parlons parlons plustost d'un ciel qui ne me semble
Estrange nullement, ayant à vivre ensemble:

ALPHONSE

Patriotes, voisins, freres d'affection,
Et qui de mesme sort feismes élection,     740
Un siecle passeroit, non pas en l'Italie
Mais chez l'Alarbe fier, chez ceux de Getulie,
Que je m'estimeroy dans l'Espagne tousjours
Tant que pareille erreur entretiendra son cours:

FERNANDE

Les choses de ce monde ont certaine mesure     745
Qu'un journalier usage aprend de la nature:
Ainsi par fois le cerf éloignera son fort,
Et par fois le poisson s'esgaye sur le bord.
Curieux neantmoins de regangner leur giste
Au premier accident d'une course plus viste.     750
Nous guidez du flambeau divin de la raison,

Ce voyage accomply en sa propre saison,
Rassasiez de voir, de courre la fortune,
Sur le sein de Cibelle, et du moite Neptune,
Nostre Itaque natale aux labeurs entrepris,      755
Posons égallement et de borne et de pris.

ALPHONSE

N'imaginez aussi ma phrenetique envie
Du Numide choisir la vagabonde vie,
Où de Scythe qui n'a ses lares arrestez
Que ces pastis qu'encor le bestail n'a broutez,      760
Qui traisne dans un char sa famille chetive,
Et de l'heur des mortels plus aymable se prive,
Du repos dont jouyt l'homme sur ses vieux ans
Venerable au milieu d'une troupe d'enfants,
Qui rend à son pays la lumiere prestee      765
Sa memoire immortelle entre tous regretée:
Felicité qui doit acquise ne tenir
Place entre nos discours, non mesme au souvenir.

RODERIC

Telle solicitude à l'âge reservée
Je croy que hors des flots en sa coque élevée,      770
Venus premiere veit le rivage latin
Où Amour du depuis regne par un destin,
Où le nombre infiny de tant de belles dames,
Nous esbloüit les yeux, et captive les ames.
Tout autres d'entretien, de caresses, d'appas,      775
Qu'au sejour naturel nous ne les avons pas.

ALPHONSE

Chacun suit son genie, et la mortelle race
Differe de pensers quasi comme de face,

L'artifice excessif de celles qu'estimez
Amortit à l'abord mes feux plus enflamez:                    780
Une simplicité naïvement rustique,
A tel jeu mille fois d'avantage me pique:
Des discours recherchez qui n'expriment le cœur,
Des loüanges que donne un langage mocqueur,
Des baisers sublimez qui ampoullent les levres          785
Des gestes contrefaits, des impudences miêvres,
Quelques luts mal d'accord et dignes de la voix
Me figurent icy les filles d'Achelois,
Belles à l'œil charmë, que leur caute malice
Ne dompte la fuyant à l'exemple d'Ulysse.                   790

FERNANDE

Reformation grande et crüe en peu de temps.

ALPHONSE

Divers âge produit, divers nos passetemps
L'oisiveté jadis, maquerelle subtile
Entre les voluptez tint esclave un Achille,
Luy faisant manier l'aiguille et le fuseau,                       795
Et pour plaire à sa dame ouvrager du reseau
Que neantmoins apres un tourbillon de gloire,
Emporta d'Ilion moissoner la victoire.
L'amour (vray naturel du crocodile) fuit
Qui sans crainte l'affronte, et les fuyants poursuit.    800

RODERIC

L'amour mocque vainceur nos menaces frivoles
Sçachant combien l'effect differe des paroles.

ALPHONSE

Le negliger du tout surpasseroit l'humain,
Mais hoste, il ne le faut garder au l'endemain:

43

Le plus ferme luiteur quelque peu se renverse,                    805
Ainsi ne dis-je pas qu'encor à la traverse.

FERNANDE

Tel que quand ceste Europe assez proche du bord
A sa fleur virginale eust un fatal effort.

ALPHONSE

Ne me rememorez un acte tirannique,
Un acte dessur tous, abominable, inique,                          810
Plein de honte, de blasme, et qui remis aux yeux,
M'allume espouvanté des flambeaux furieux:
Mais quoy ne point faillir, passe nostre puissance,
Seule perfection de la divine essence?
Or l'heure du manaige approche à mon avis,                        815
Qui ne nous permet plus prolonger ce devis,
Allons de compagnie:

RODERIC

                    Allons, tel exercice
Tient l'avantage icy de sa terre nourrice,
Et semble que l'on deust l'Italie premier
Du los qu'aquit la gent des centaures premier.                    820


SCENE IV

Ludovic, Dom Inigue

LUDOVIC

Au secours mes amys, hé! n'y a il personne
Qui tout froissé la dextre à ce besoin me donne?


44

Pauvre petit enfant accole, embrasse moy,
Ta gentillesse veut qu'on ait pitié de toy,
A qui appartiens tu mon mignard ? 825

LUDOVIC

A ma mere.

DOM INIGUE

Tu as raison, tousjours la certitude entiere
Provient de ce costé, quand à l'extraction,
La femelle peut plus en pareille action,
Tu és donc orphelin ?

LUDOVIC

Je le suis de naissance.

DOM INIGUE

Repartie qui sent une pure innocence, 830
Et le nom de ta mere ?

LUDOVIC

Elle ne me l'a dit.
Helas ! helas ! bon Dieu ! la cheute m'estourdit
Monsieur envoyez la querir soudain de grace :

DOM INIGUE

Ce pourtraict animé represente ma race,
Voila les yeux, le front, et la bouche et le nez, 835
Qu'aucun peintre n'auroit mieux proportionez :
Voila le propre accent de mon fils à tel aage,
Le cœur esmeu concoit un horrible presage,
Un instinct familier à la force du sang
Ne souffre que d'estrange il me tienne le rang : 840
Enseignerois tu bien où demeure ta mere ?

LUDOVIC

Au bout de ceste ruë, en la maison derniere,
Ne faut que le seigneur Pizare demander:

DOM INIGUE

C'est l'esprit du commun des enfants exceder.
Or sus, mon petit cœur, ne te chaille, courage                845
Dieu qui veut que ma main te sauve de l'orage
Un pere te suscite, un pere au lieu du tien,
Chez qui tant que guery tu ne manques de rien,
Seras tu pas mon fils?

LUDOVIC

                              Oui, pourveu qu'on ameine
Ma mere qu'ore absent je pourrois mettre en peine.                850

DOM INIGUE

Admirable prudence: ouy, ouy, tu la vas voir,
Et meilleur traittement que d'elle recevoir.

# ACTE IV

*Leocadie, Francisque*

LEOCADIE

O piteuse nouvelle, ô funebre journee,
O déplorable enfant, ô mere infortunee,
O cruauté cent fois barbare de pouvoir                    855
Sous les pieds des chevaux une innocence voir,
Et le fouler ainsi qu'on feroit quelque fange!
Simple ne trouve pas telle avanture estrange,
Les cieux et les humains enflamez de courous,
N'ont et n'eurent jamais de justice pour nous,           860
Comme eternel égout de leur maligne envie,
Ils veullent cher espoir en la tienne ma vie,
Soit, mourons, de ma part je ne differe pas
D'accompagner heureuse en la tombe tes pas.

FRANCISQUE

Sa blessure n'a point, et me croiez madame,             865
De capable sujet qui ce deüil vous entame,
Legere, sans peril quelconque à redouter,
Qui de sa guerison puisse faire douter,
Guerison que l'aspect maternel n'effectuë:

LEOCADIE

Telle facilité au contraire me tuë,                      870
Ombrage deceptif qui cache l'accident
De ce jeune soleil panché vers l'occident.

FERNANDE

La veuë fera foy de ma parole vraye.

49

En quelle part du corps a il receu la playe?

Un peu meurtry sans plus au visage du coup,       875
De sa cheute:

         Ce peu chetive m'est beaucoup,
Que faut-il pour jetter dedans la sepulture
Une si delicate et foible creature?
Helas! pourquoy d'ailleurs blecé legerement,
Ne l'eust on peu chez nous conduire entierement?    880
L'apparence desdit ce rapport qui pallie,
Possible preste à voir ma race ensevelie.

Permettez que trois mots deduisent la raison,
Qui retient ce blecé dedans nostre maison,
Une extréme beauté que monseigneur admire,    885
La crainte que son mal du lieu changé n'empire,
Outre qu'il ne sçauroit dans la ville trouver
D'amys, ou un secours de la sorte esprouver,
D'amys qui quelque jour et à heure opportune
Puissent mieux faire naistre un bon vent de fortune.    890

L'auteur des bons desseins vueille reguerdonner,
Sa pitié charitable et mes ennuis borner,
Et faire que l'appuy d'une veufve éploree,
Ne sente que le mal de sa cheute enduree.

FRANCISQUE

Fiez vous sur ma foy le parjure ignorant                    895
Fiez vous sur ce chef qui le pleige garand,
D'une santé parfaicte, et dans peu recouverte,
Or sus, madame, entrez, voicy la porte ouverte.


LEOCADIE

Un frisson me saisit, ô moteur souverain
Rend fleschible à ma voix ce noir presage vain.            900



SCENE II

Dom Inigue, Leocadie,
Ludovic, Leonore, Chirurgien

DOM INIGUE

Qui voudra discerner Cupidon de sa mere,
Deux goutes comparer de l'onde mariniere,
Admire l'un et l'autre aussi beaux qu'en la nuit,
D'astres clairs et bessons la face qui reluit
Treve de pleurs, madame, une allarme impourveuë,        905
Occupe trop chez vous l'esprit avec la veuë,
Ce petit rejecton d'un tige valeureux,
Aimable me rencontre en son malheur heureux,
Qui vous le restituë au peril de la vie,
Aussi sain que pouvez en concevoir l'envie,              910
Et bien la connois tu?


LUDOVIC

Ma mere.

LEOCADIE

Hé, mon enfant.

DOM INIGUE

Tel abord de pitié le cœur triste me fend.

LUDOVIC

Ne vous affligez point, Dieu me fera la grace
D'estre bien tost guery:

LEOCADIE

Quel implacable Thrace
Quel Buzire alteré de carnage et de sang,                                    915
Ains quel monstre infernal ne t'a peu rendre franc,
Des fureurs de sa rage?

DOM INIGUE

Une tourbe indiscrete,
Au sortir du tournoy et dessur la retraite,
Vint à la terraçer: tout aussi tost j'acours,
Et pris entre mes bras, son oportun recours,                                 920
Plus transi de frayeur, plus esperdu, plus blesme,
Que ce pauvre petit l'apporte icy moy mesme,
Ou depuis certain charme attache dans ses yeux,
Les miens à l'admirer actifs et curieux,
Vif pourtraict reconnu d'un mien fils au visage,                             925
Fils qui demeure unique appuy de mon vieil âge.

LEOCADIE

Luy et moy ne pouvons nous revencher jamais,
De telle courtoisie: obligez desormais,
A dire qu'apres Un qui le monde tempere,

Nous vous devons la vie ainsi que second pere,                    930
Ainsy que protecteur, que commun gardien,
Car helas! cher neveu, ton trespas est le mien.

DOM INIGUE

Se dire tante et mere impossible me semble,
Attendu que les deux ne s'acordent ensemble.

LEOCADIE

Issu de ma germaine à qui ce fruit naissant,                      935
Precipita les jours dans l'Orque pallissant,
Chery des le berceau, eslevé sous mon aisle,
Des noms indifferents d'amitié je l'appelle.

LEONORE

Chose ordinaire, donc sans autre émotion,
Pensez que ce logis à sa devotion,                                940
Ne le lairra manquer de moyens, d'assistance,
Mais quel nouveau sujet trouble vostre constance?
Les yeux deçà delà contournant effroyez,
Qui d'un fleuve de pleurs se desbondent noyez.

LEOCADIE

O douloureux object! ô honte recidive!                            945
Labyrinthe fatal me retiens tu captive?

LEONORE

Ma fille, elle se pasme, elle change couleur,
Ce beau visage esteint d'une morne palleur,
Dites au moins la belle où ce mal prend racine,
Affin que de bonne heure on vous le medecine.                     950

Las! irremediable aucun pouvoir humain
Non quand Apollon mesme y presteroit la main,
Ne donne d'allegeance à son aspre torture
Dans l'ame refaisant une telle ouverture,
Que font ces mineraux dessous terre couvez,             955
Et parmy l'air à coup en flames eslevez?
Madame toutesfois seule je vous puis dire,
Le sujet de mon deüil:

                        Que chacun se retire,
Dites, absent je fay place tresvolontiers,
Aux secrets feminins qui n'admettent de tiers,         960
Qui veulent que le sexe imploré se soulage,
Des remedes instruits par la longueur de l'âge.

Libres il vous faut rompre un silence honteux,
Tout malade qui tient son medecin douteux,
N'a garde de guerir: et puis ma grand amye,           965
La plus fiere poison se dissipe vomie,
Comme font les ennuis que l'on revelle exprez,
A ceux qu'on croit pouvoir les alleger aprés,
Or chez vous acceptee et du nombre tenuë,
A qui l'ame paroist en la parole nuë,                 970
A qui l'experience apprit avec les ans,
Maints charmes naturels d'efficace puissants,
Contre la cruauté de l'aveugle fortune,
Pourquoy se rendre plus defiante importune?
Ouverte declarez quel amer souvenir,                 975
Vous fait une douleur absente revenir.

Ce vergongneux recit me coupe la parole
Me replonge aux fureurs d'une Thyade folle,
Osera bien ma langue un discours entamer,
Du naufrage encouru non point en autre mer,　　　　980
Que dans le propre enclos de ceste chambre sombre,
De ce repaire affreux ou m'arriva l'encombre.

LEONORE

Vous vous imaginez choses qui ne sont pas,
Un lieu qu'avant ce jour n'imprimerent vos pas
Coupable ne sçauroit me mettre en la pensee,　　　　985
Qu'oncques puissiez chez luy vous prouver offensee:

LEOCADIE

Madame, helas, je puis trop à ma volonté,
Le convaincre d'un rapt deceleur effronté.

LEONORE

Sy est ce que tousjours au scandale fermee,
Nostre maison se tient vierge de renommee.　　　　990

LEOCADIE

Un outrage ignoré ne se peut empescher,
Et ne peut que l'auteur d'infamie tacher.

LEONORE

Ne me retenez plus sur la gesne estenduë,
Une origine au vray de la plainte entenduë.

LEOCADIE

Las resous toy craintive, et premier que le cours　　　　995
T'engage commencé dans ce honteux discours,

Voy que la porte close aucun Argus ne puisse
Prevenir ton secret de certaine malice.

Nous y avons pourveu, ne craignez nullement,
Qu'on ose du logis le penser seulement.                    1000

Reduite à ce destin, sçachez que sept annees
Depuis l'heure se sont dans leur cercle tournees,
Qu'avec mes pere et mere un soir apres soupper,
Ainsi qu'on va les soins journaliers dissiper,
Prendre son passetemps au bord de la riviere:             1005
Surpris doncques voicy qu'une troupe meurtriere,
Environ le retour nous attaque esperdus,
Se mocque de nos cris parmy l'ombre espandus,
Saisit mon geniteur qui n'a plus que l'écorce,
Et des bras maternels m'arrache à vive force,             1010
Un s'entend, un des trois qui pasmee en son sein,
M'apporte jusqu'icy de l'honneur assassin,
Jouït loup ravissant affamé de luxure,
D'une souche muette insensible à l'injure.

O prodige effroyable!                                      1015

                    Escoutez ce qui suit,
La terreur du forfait le barbare poursuit,
Qui seule m'abandonne après sa violence,
Seule qu'acompagnoit l'opprobre et le silence,
Desesperee, aveugle, un peu remise en moy

De cris contre le traistre et d'ongles je m'armoy,                   1020
Ces bras deçà delà jettez à l'avanture
Qui ne trouvant l'aspic mortel en sa pointure,
Qui hazardant mes pas où s'assoir incertains,
Porte de tous costez en la chambre mes mains,
Non sans intention de me trouver depite,                             1025
D'une fenestre en bas quelque fin precipite.

LEONORE

O Dieu! bon Dieu pourroy-je avoir produit au jour
Le monstre scelerat qui vous joüa ce tour?

LEOCADIE

Lassa de tournoier et ma peine frustree,
Une image d'Hercule à tastons rencontree                            1030
Me demeure en depost, chez qui la verité
De son soleil esteint pareille obscurité:
Me demeure tesmoin qui prouve irreprochable,
Tant le lieu que l'auteur de l'acte abominable,
Inconnu jusqu'icy, car helas le moyen,                              1035
Qu'abreuvant de ma honte un peuple citoien?

LEONORE

Cessez de m'averer un crime que j'avoüe,
Indigne du cordeau, des flames, de la roüe
Un crime qui surpasse en sa punition
Ce que les plus cruels eurent d'invention,                          1040
Ce qu'aux esprits damnez decrette Rhadamante:
L'image desormais n'a rien qui la desmente,
Le temps qu'on la perdit me justifie assez,
Que ce ne sont propos d'imposture avancez,
O mille fois meschant, ô lasche de courage                          1045
N'avois tu bouc infect, ou ta brutalle rage,

Se deschargeast ailleurs à la necessité
Que sur la tendre fleur d'une pudicité?
Bien t'a pris qu'absenté pour l'heure ma vengeance,
Ne peut exterminer telle monstreuse engeance.                1050

L'excez commis voudroit un remede plus doux,
A me guerir l'honneur que ce boüillant couroux,
Ores qu'issu de luy me reste infortunee,
Un gage precieux que donne l'hymenee,
Que je ne puis haïr mon mortel ennemy,                       1055
En ce fruit qui mes maux me soulage à demy.

Tel heur qu'espereroy me fermeroit la bouche
Sy ce petit amour sorti de vostre couche,
Sy ce jeune Alcyon dans la tourmente éclos,
Ma fille, tout sujet de plainte vous eust clos.              1060

Monseigneur vostre espoux l'a, certain tesmoignage,
Connu de prime abord extrait de son lignage.

Ouy plus mon œil fiché rapporte leur pourtraits,
Voila le front, le nez, et beaucoup d'autres traits
Qui m'allument le sang d'une amitié nouvelle,               1065
Un seul scrupule reste et me tient en cervelle,
Sur ce que l'avez dit issu de vostre sœur.

J'ay pris l'ombrage exprés qui me sembloit plus seur,
Affin de prevenir la recherche importune
Coustumiere en ce cas:                                      1070

Et quant à la fortune
De quelle extraction?

Apres mille tesmoins
Je diray que du nom des Pizares au moins,
Ma famille ne cede à nulle autre en noblesse,
Bien qu'une pauvreté mediocre la blece,
Que plus riche d'honneurs que de biens mal acquis,  1075
On sçache la vertu son thresor plus exquis.

Response magnanime, oracle memorable
Qui te rend de merite aux reines preferable,
Qui montre que le ciel a fait élection
Pour s'allier chez nous, de la perfection,  1080
Asseure, asseure toy que la force enduree
Te prepare et aux tiens un repos de duree,
Un bon-heur acomply qui surpasse l'espoir,
Et possible autrement ne pouvoit pas eschoir,
Nostre unique conjoint par mariage à celle  1085
Qu'il osa despoüiller de sa rose pucelle,
Et qu'il esprouvera plus douce desormais,
Faveur que d'obtenir de vous je me promets.

Trop d'inegalité, outre un mespris qu'apporte,
La victoire que basse on aquit de la sorte,  1090
Desesperent mes vœux qui ne respirent rien,
Rien plus que parvenir à ce souverain bien:

Ma promesse tiendra sur deux bazes fondee,
Que telle intention du pere secondee,
Du pere et de l'ayeul qui (merveille des cieux)          1095
Ayme plus ce petit inconnu que ses yeux,
Qui la verité sceuë et ma priere jointe,
De l'instinct naturel aiguisera la pointe,
Sy bien qu'Alphonse apres tousjours obeyssant,
En pieté selon l'aage se meurissant,          1100
N'oseroit refuser party qu'on luy propose
Ains la fatalité que tel vouloir impose,
Suffit que je tiendray l'œil dessur l'avenir:
Changeons propos, voicy à bonne heure venir,
Que nous dira l'estat du blecé:          1105

LEOCADIE

                         Je frisonne,
De crainte d'en ouyr chose qui ne soit bonne.

CHIRURGIEN

Que fait nostre malade?

LEONORE

                    Un somme doucereux
Peu à peu l'a supris.

CHIRURGIEN

                    Signe des plus heureux
Moyennant que cela ne tourne en lethargie,
Nature des ressorts ordinaires regie.          1110

LEONORE

Helas que dites vous?

O mon fils tu es mort!

Voila se lamenter et s'effroier à tort.

Un peril supposé du sommeil qui le charme,
Ne peut que nous livrer telle sensible alarme.

Non, que l'affirmeroit, acte trop imprudent,               1115
Premier que le sçavoir tombé dans l'accident,
Quasi presque incroyable, et qui mesme n'excede
L'efficace receu du precedent remede.

Tant mieux, faites estat, que si oncques debout
Vostre art de chef d'œuvre entrepris vient à bout,         1120
Un salaire l'attend qui ce plaisir égale,
Et qui ressentira sa largesse royale.

Mon chef le garantit affranchy du danger,
Qui nos ames contraint de demeure changer,
Prescrire à point nommé sa guerison parfaite,             1125
Ainsi que quelque taxe en la police faite,
Jamais, jamais, le temps ne m'importe, pourveu
Qu'un patient guery, menteur je ne sois veu:
Son poulx ores tasté apprendra davantage,
Sans nulle émotion! ô le grand avantage!                  1130
Puis la conclusion resoute peu s'en faut,

61

Ce dormir necessaire un remede luy vaut:
Laissons le reposer, ceste benigne crise
Rameine sa santé avec la peine prise.

LEOCADIE

Maistre, ne flattez point de grace mon malheur.　　　1135

CHIRURGIEN

Point, je laisse à juger où regne la douleur,
Sy le corps peut avoir ses fonctions à l'aise,
D'une fievre plustost ne r'enflamant la braise,
Tout va bien, l'huis fermé laissons le reposer.
Mon office vous doit ce silence imposer,　　　1140
Je le reviendray voir dans une petite heure.

LEONORE

Croyez que n'eustes onc de pratique meilleure;
Nous, ma fille, tandis ne perdons point un temps
Qui va rendre les tiens et heureux et contents.

*Dom Inigue, Troupe de Parents, Leocadie,*
*Estefanie, Leonore, Pizare, Alphonse,*
*Fernande, Roderic, Ludovic*

DOM INIGUE

Avertis du dessein qui m'ameine équitable,                    1145
Qui d'exemple aux neveux se propose imitable,
Recourir le passé ne profiteroit rien,
Suffit que d'un grand mal resulte plus de bien:
Que du sage destin l'ordonnance supréme
Nous donne desormais une fortune méme,                        1150
Nous conjoint alliez en ce beau couple égal,
Autant qu'onc estreignit le lien conjugal.
Excusez la candeur de ma libre franchise,
Qui la matiere en mots courtisans ne déguise,
Qui me feroit sembler vouloir imperieux,                      1155
Forcer, plustost que faire un offre serieux,
Offre où chacun partit l'authorité pareille,
Ma saine intention prie ensemble et conseille:
Le criminel qui n'a qu'une porte à briser,
Monstre cherchant ailleurs, son salut mespriser;             1160
Ainsi le rapt commis n'a qui vous satisface,
Et du crime averé le souvenir efface,
Que l'union de deux dont le bien nous est cher,
Et qui n'auront unis que s'entre reprocher,
Mon fils riche de biens ne pouvoit dans l'Espagne,           1165
Choisir qui me plût mieux d'une moitié compagne,
Belle, qu'en ses vertus renomme la cité,
Qu'on sçait depuis le deüil de sa pudicité
Vivre Vestale austere en la maison recluse,
De la coulpe d'autruy penitente et confuse                    1170

Illustre quant au tige, autre principal point
Qui fera que l'honneur ne se démente point:
Vanter le sien messied, toutesfois j'ose dire,
Alphonse entre tous ceux de son âge reluire
Tel que l'un des Jumeaux qui flambent tour à tour          1175
Dans le ciel estoilé, signe de leur amour,
Bref gendre, que le sort vous offre par ma bouche,
Au refus l'attentat perpetré ne me touche:
J'atteste qui de rien fit ce grand univers,
Auquel sont et seront nos courages ouverts,              1180
Demeurer innocent de la faute commise,
Sa reparation à vostre chois remise.


PIZARE

Phoenix des vertueux, que ne merite pas
Un dur siecle où le vice a semé tant d'appas,
Où la richesse inique, et brave d'insolence              1185
Exerce impunement sa lasche violence
Sur le pauvre opprimé, s'amusant à cherir
Un renom qui le fait déplorable mourir:
Brutal, stupide, ingrat, j'auroy dans la poitrine
Au lieu de cœur humain une roche marine,                1190
N'embrassant le parti que vous daignez m'offrir,
Qui refuse un secours merite de souffrir,
Ma fille se tiendra plus que recompensee,
Et sa pudique fleur à propos despensee,
Esclave de celuy que l'inegalité                        1195
Ne prouve qu'adorable à sa fidelité
Qui je doute pouvoir sans espece de crime,
Au grade colloquer d'espouse legitime.


DOM INIGUE

La faveur mutuelle oblige également;

Or chez luy mon vouloir preside tellement,      1200
Qu'un regard de travers le feroit dessur l'heure
Descendre obeyssant où la Parque demeure:
L'apparence d'ailleurs, le sujet, la raison
Qu'une fille bien nee, et d'illustre maison,
De qui le rustre a pris les pudiques premices,      1205
Endurast son rebut, nous demeurans complices?
Usant alors du droit qu'eurent ces vieux Romains,
Je voudroy l'estrangler avec mes propres mains,
Impatient de voir une audace rebelle,
Ce double sacrilege exercer dessur elle;      1210
Mais il n'en viendra là, je m'escarmouche à tort,
Qui de le manier docile me fay fort.

ESTEFANIE

Rendez grace ma fille, à genoux prosternee,
D'un courage devot humblement inclinee,
A ce Seigneur benin que suscite le ciel      1215
Pour convertir l'amer de nos ennuis en miel,
Qui tire du cercüeil apres un siecle esteinte,
Apres qu'on la tenoit du coup mortel atteinte,
Nostre premiere gloire, un si rare bien fait
Merite des autels dressez à qui le fait.      1220

LEOCADIE

Je ne sçauroy jamais en langues convertie,
La faconde du fils de Maïe départie
Assez remercier une telle bonté;
Je ne pren plus de loy que de sa volonté,
Et la vostre, madame, à qui mediatrice,      1225
A qui mon honneur doit favorable tutrice,
Sa cheute relevée: au moins, helas! au moins
Sy un tiers acomplit ce bon-heur de tous points.

Miroir de modestie, autre ame de mon ame,
Croy que Cloton bien tost abbregera ma trame,　　　　　1230
Ou que tu te verras stable au sein d'un epous,
Sa moitié reconnuë en presence de tous,
Ses delices, son heur, sa chaste colombelle,
Pourroit-il n'adorer une image si belle?
Et ne tressaillir d'aise à l'aspect d'un enfant,　　　　　1235
Qui de plus redouter le tombeau nous deffend?
Seule j'embrasseray ceste agreable peine
Qu'un air de gay printemps ton visage sereine,
Dispose au lieu de pleurs tes desirs à l'amour,
Ores que d'heure à autre on attend son retour,　　　　　1240
Que tu és sur le seüil du futur hymenee;
Mais quelque bruit là bas de joye inopinee,
Et Francisque acourant me l'asseurent venir,
Le supréme en commun de nos vœux obtenir,
Voyez qu'une rougeur l'environne soudaine,　　　　　1245
Ainsi qu'entre la crainte et l'espoir incertaine.

FRANCISQUE

Monseigneur, vostre fils arrivé Dieu mercy
Sain et sauf, n'en soyez davantage en soucy:

DOM INIGUE

Comment acompagné?

FRANCISQUE

　　　　　　　　Deux cavalliers d'escorte
Choisis à son voyage entrent dedans la porte.　　　　　1250

DOM INIGUE

Qu'ils attendent là bas dans la salle, et ne dy
Qu'aucun soit avec nous parlant à l'estourdy.

Monsieur, permettez moy de gerer l'ambassade,
Que certain stratageme aisé me persuade,
Tandis s'il vous plaisoit ordonner du festin.                    1255

DOM INIGUE

Ouy, cela m'appartient ce semble par destin,
La disposition des banquets comparee
A celle d'une flotte au combat preparee,
Leur difference gist d'estre en l'un aux amys
Aymable autant, qu'en l'autre horrible aux ennemis;      1260
Joint qu'une mere a plus de paroles mielees
De raisons peu à peu dedans l'ame instilees,
Que nous prompts à la main où leur temerité
Par un refus s'attaque à nostre authorité:
Chacun s'aquite donc de la charge entreprise,           1265

LEONORE

Paravant l'œuvre fait je ne lascheray prise,
Vous prestez moy l'oreille un moment à l'écart
Sans avoir curieux à l'apparence égard,
Et que cela de suite à point nommé se face.

PIZARE

Ne craignez que l'oracle enfraint on outrepasse.          1270

LEONORE

Ma fille derechef pratiquant ma leçon,
Qu'objet quelconque icy ne vous mette en soupçon.

LEOCADIE

Promesse difficile à tenir, balancee,
D'extremes opposez en la vague pensee;

Madame, nonobstant je gangneray sur moy,                    1275
De mettre à vos propos une solide foy.


## SCENE II

*Alphonse, Fernande, Roderic*

ALPHONSE

Telle reception de silence meslee,
Sa famille me sent n'agueres desolee
D'une perte notable: et si d'autre costé
Tout lugubre sujet de crainte m'est osté          1280
A la joye ordinaire entre les domestiques;
Irresout, assiegé de pensers chimeriques,
Combien me tarde voir le soleil respiré,
Des yeux de mes parens hors de doute tiré.
Qu'en dites vous amis?                             1285

FERNANDE

             Que quelque mariage
Se brasse sourdement au retour du voyage.

ALPHONSE

La lettre paternelle en eust fait mention
Afin de disposer au moins l'intention.

FERNANDE

Un coursier esprouvé de nature guerriere,
Sans aide d'esperons court en toute carriere;      1290
Mais madame à ce port joyeux tesmoigne assez,
Que vous estes fort loin de ce que vous pensez.

Les mieux que bienvenus après beaucoup d'attente,
Mon ame desormais reposera contente,
Mon ame desormais s'égaye sans soucy,                    1295
Vous voyant de retour en santé Dieu mercy:
Or messieurs permettez, que mon fils me demeure
Seul pour certain affaire une minute d'heure,
Je vous vien retrouver.

RODERIC

                Madame, commandez,
Et à nostre sujet ne vous incommodez.                    1300


## SCENE III

*Leonore, Alphonse*

LEONORE

Alphonse à peu de mots apren, que ja sur l'âge
Un pere et moy voulons pourvoir au mariage
De l'unique heritier qui nous succedera,
Qui les biens et le nom riche possedera:
Qui n'a plus qu'à jouyr en sa fortune heureuse,          1305
D'une qu'on luy choisit pour compagne amoureuse,
Honneste, de bon lieu, bref qui ne te doit rien,
En voicy le crayon que precieux je tien:
On diroit mal content que tu rides la face,
Elle n'a de beauté tant que de bonne grace,             1310
Joint que ses facultez supleent au défaut,
Que sert de hesiter en un faire le faut?

Le party nous plaisant utile te doit plaire,
Tu n'as point de raison qui prevaille contraire.

Mon équitable plainte à la deformité,                    1315
Qui dedans ce pourtrait panche à l'extremité,
Dieu le moyen d'aymer une chose si laide?
Une qui serviroit à l'amour de remede,
L'œil cavé, le nez court, la bouche de travers,
Et la couleur d'un corps que devorent les vers.          1320
Graces au Toutpuissant et à vous, ne m'importe
Qu'une femme rien plus que sa beauté m'apporte
Beauté qui presuppose en sa perfection
Celle des mœurs tirant à soy l'affection,
Beauté ferme lien des courages ensemble,                 1325
Avec qui la discorde affreuse ne s'assemble,
Madame, ne veuillez contraindre mon desir
A ce qui vous retourne après en desplaisir.

Va tu m'esprouveras telle que de coustume,
Qui t'oseray du cœur tout sujet d'amertume,              1330
Nous trouverons ailleurs dequoy te contenter
Et selon ton humeur en cela te traiter,
J'aymerois mieux mourir que ce joug d'hymenee
Plongeast dans un enfer ta vie infortunee,
Pareil acord passé sans ton consentement                1335
Revocable se peut rompre facilement:
Pense à te resjouyr, et à reprendre haleine
Après ce long voyage, incomparable peine,
Tandis je vay querir tes compagnons, et veux
De trois mots importants conferer avec eux.             1340

ALPHONSE (seul)

D'un dedale sorty l'autre me retient pire;
Que peut ma mere avoir de secret à leur dire?
La curiosité feminine souvent
S'arreste sur un rien, luite contre le vent:
Pourveu que le chois libre et promis me demeure,          1345
Qu'en indigne sujet ma liberté ne meure,
Ameine du surplus ce que voudra le sort
J'ay pour le surmonter le courage assez fort.


SCENE IV

*Leonore, Fernande, Roderic*

LEONORE

Ma priere, ou plustost certain petit scruple,
Qui ne vaut le parler, et d'importance nulle,          1350
Comme amys vous oblige à ne me refuser,
Et sur le fait enquis ne me rien desguiser:
Promettez donc tesmoins oculaires de dire
La pure verité que sçavoir je desire.


FERNANDE

Moyennant que cela n'excede le pouvoir,          1355
Aucun de nous ne veut manquer à son devoir,
Ma foy s'obligera plus chere que la vie,
A contenter madame, et soudain telle envie.


LEONORE

Inseparables joints à mon fils d'amitié,
Car si l'un fait un pas l'autre en est de moitié;          1360

Mais il faut m'escouter avecques patience,
Et mettre après la main dessur sa conscience:
Vous vous ressouviendrez, qu'alors encore enfans
Un soir après souper depuis quelque sept ans,
De l'acte trop hardy commis à la vollee,
Certaine fille és bras de ses parents vollee,                    1365
Faire les estonnez n'acroist que mon soupçon,
Sçachant que ce sont tours coustumiers de garçon.

### RODERIC

Rememorants confus nos jeunesses passees,
Jeunesses aussi tost de l'object effacees,                        1370
Leur nombre offusqueroit le plus judicieux,
Et celle cy ne peut me revenir aux yeux.

### LEONORE

Le pouvoir du vouloir derivant je vous jure,
Qu'un bon-heur se prepare à reparer l'injure.

### FERNANDE

Apres ce terme long un oubly survenu                             1375
N'empesche que le coup ne soit pas avenu.

### LEONORE

Confession qui vaut une preuve demie,
Sçavez vous d'où luy vint ceste douce ennemie?

### RODERIC

Le moyen de sçavoir dans l'obscur de la nuict,
Qui tenoit vostre fils d'un aveugle conduit?                     1380

### LEONORE

J'enten, j'enten, ce peu suffit à l'ouverture
Que requeroit de vous ma vive conjecture,

Ce crime violent semble aux fruits, qu'en hyver
Et plus meurs et plus beaux nous voyons arriver:
Semble à l'unique oyseau renaissant de sa cendre,                    1385
Qui d'un ver contemptible et difforme s'engendre;
Sus, allaigres, venez celebrer de ce pas
Un heur éclos de là que ne presumez pas.


## SCENE V

*Dom Inigue, Troupe de Parents, Leonore,*
*Alphonse, Fernande, Roderic, Pizare,*
*Estefanie, Leocadie, Ludovic*

### DOM INIGUE

A table mes amys, que chacun prenne place,
Et ceremonieux plus prier ne se face,                               1390
Mon exemple suffit, qui le premier assis
Enten dessous les pieds mettre tous mes soucis,
D'exemple proposé à qui me veut complaire,
Alphonse de retour, hé! pourroit on moins faire?
Alphonse unique appuy de ses parents chenus;                        1395
Sans plus de compliments et de propos tenus
Chacun vienne s'asseoir: tandis je vay ma coupe
Espuiser d'une haleine aux graces de la troupe:
Qu'on se resolue apres chacun selon son rang
A me faire raison d'un courage aussi franc.                         1400

### TROUPE DE PARENS

Premier j'aquiteray la charge commandee,
Premier je conduiray la pointe demandee,
Sacrifiant du cœur ce nectar gracieux

A un second Nestor qui merite les cieux,
A la bonne santé de sa chere compagne,                    1405
Et à l'heureux retour de leur fils en Espagne;
Qui me suivra de méme, esprouve desormais
Les astres envers luy benins à tous jamais.

DOM INIGUE

Voila qui represente un siecle d'innocence,
Qui me remet au temps de mon adolescence,                 1410
Vous autres voyageurs pourtant ne lairrez pas
De dire quelque chose à travers le repas,
Dignes d'attention dessur la difference
Des peuples, des pays, ou sur leur preference.

ALPHONSE

Nous autres ne pouvons qu'apprendre de nouveau            1415
A qui premier a veu que l'Italie a de beau,
A qui me crayonna ses raretés, de sorte
Que rien que leur pourtrait reconnu je n'apporte,
Qu'instruit j'avoy tout veu paravent que de voir,
Et qu'en parler apres contrevient au devoir.              1420

LEONORE

Tant y a que pendant la course d'Italie
Vous avez engendré peu de melancolie,
Trois conformes d'humeur et bien appariez;
Mais comment mettre au rang des pechez oubliez
Une si agreable et si gentille hostesse,                  1425
Que seule on la laissa confuse de tristesse?
Viste, viste, quelqu'un l'amcine de ma part,
Dites luy sans avoir craintive trop d'égard
A son honnesteté, qu'elle vienne mandee
Nous repaistre les yeux d'une celeste idee.               1430

Mon fils, prepare luy son siege prez de toy,
En l'âge où il y a cinquante ans que j'estoy,
Tel honneur me passoit le prix d'un diadéme,
Aymant mille fois plus les dames que moy mesme:
Je meure; son aspect me réjouit le cœur,                    1435
Aspect qui de Jupin triompheroit vaincœur:

ALPHONSE

O divine beauté! si ta moindre partie
A celle qu'on me veut espouser departie,
Suppleoit ses defauts, trop heureux, hé combien
Tu m'aurois favorable obligé, Paphien!                      1440

LEONORE

La medecine opere, une palleur subite
Suit l'abord impourveu de sa chere Carite,
Qui pas moins estonnee, à regards desrobez
Monstre que ses desirs l'emportent succombez.

LEOCADIE

Acomply de la sorte, helas! helas! chetive                  1445
Crois tu que tel bon-heur d'alliance t'arrive?
Non, ne l'espere plus, et meurs dorénnavant,
Et ne traisne tes jours desastreux plus avant.

LEONORE

Bon Dieu! je l'appercoy qui pasme, qui chancelle,
Soustenez la mon fils, et prenez garde à elle:             1450

ALPHONSE

Son accident me tuë espris d'affection,
Adorable portraict de la perfection.

Madame que veut dire? O pitoyable chose!
La mort semble camper sur ses levres de rose,
Sans poulx, sans mouvement, helas! je n'en puis plus,          1455
Et de force, et de voix à la plaindre perclus.

DOM INIGUE

J'estime que tous deux ne prennent qu'une route,
Transportez de ce dieu leger qui ne void goute,
Que vous semble, m'amie?

LEONORE

          O estrange mal-heur!
O plaisir détrempé d'une amere douleur!                        1460
Hé revien, mon enfant, belle Leocadie.
Dites nous où vous tient au moins la maladie?
Leurs insensibles corps souffrent égallement,
Qui n'ont d'aucune vie indice nullement,
Du vinaigre, de l'eau, viste, viste, personne                 1465
En telle extremité de secours ne leur donne.

PIZARE

Un mot à la pareille, à moy, quel accident
Trouble ainsi le festin, ces clameurs espandant?
Ne me le celez pas:

FRANCISQUE

          La jeune damoiselle
Tombee en pamoison tire helas! après elle                     1470
Le fils de monseigneur: ce beau couple estendu
Peu dissemblable à ceux qui l'esprit ont rendu.

ESTEFANIE

Courons leur au secours, la deffense n'importe.

Hé, ma mere, parlez.

TROUPE DE PARENS

        Preuve excellente et forte
D'un pieux naturel en ce pauvre petit,          1475
Qui plus de la douleur maternelle patit.

LEONORE

Appaise, mon mignard, appaise toy, ma vie,
Elle te va baiser comme tu as envie,
Preste de s'éveiller: ma fille, mon soucy,
Alphonse, cher espoir, que veut dire cecy?       1480
Tout se portera bien, voire le mieux du monde,
L'un et l'autre quitant sa syncope profonde
Commence à respirer: mon fils presque honteux
D'avoir donné d'amour ce presage douteux.

ALPHONSE

O quel estrange charme a surpris ma constance!   1485
Plus elle s'efforcoit vaine de resistance,
A quoy s'imputera l'effet de ce venin?
Sinon qu'un masle front cache un cœur feminin:
Que le courage cede aux premieres approches
D'un object, qui sans doute, animeroit les roches;   1490
Repren ton asseurance, helas! à son discours
Elle et moy respirons un mutuel secours.

LEONORE

Ne te repen, mon fils, d'une chose bien faite,
Ta victoire en ce point dépend de ta defaite,
Tu ne pouvois monstrer assez d'affection        1495
A ta moitié tombee en telle affliction:

Cesse de te ravir de si douce merveille,
La beauté que tu voids n'avoir point sa pareille,
Fut jadis le butin de ton brutal effort,
Et sa pudique fleur te demeura plus fort:        1500
Fleur qui noüa ce fruit, fleur qui te donne pere
A pouvoir moissonner le los du vitupere,
A jouyr desormais en juste possesseur
D'une que tu connus infame ravisseur,
Ne cherche subterfuge, ou replique au contraire,      1505
Ton pere et moy voulons ton espouse la faire.

DOM INIGUE

Ouy, pense d'obéir à ce decret fatal,
Sur peine de m'avoir ennemy capital:

ALPHONSE

Quelle ame si meschante et au vice endurcie
Esprouvant à son mieux sa couple reussie,        1510
Ne voudroit accepter l'offre que l'on me fait,
L'offre d'un parangon des vertus tout parfait?
Plustost que ne subir une humble obeissance,
De ce rare thresor prenant la jouyssance,
Qu'un foudre décoché soit ma punition,        1515
L'espouser bornera ma seule ambition;
L'espouser des amours me transporte l'Empire,
Ma volonté la sienne idolatre respire,
Pourveu que l'espousant j'estouffe à l'avenir
De l'outrage attenté le vengeur souvenir.        1520

LEOCADIE

L'outrage me tient lieu de felicité grande,
Et jour ne passera que le cœur ne luy rende
Mille humbles vœux d'hommage, et de sumission,
Tel crime desirable en sa remission,

Tel crime desirable où la faveur celeste                    1525
En myrthes amoureux change un cyprès funeste,
Tel crime le parfait de mon contentement,
Qui l'honneur abysmé place plus hautement.


PIZARE

Ma fille, tu dits vray selon ma prophetie,
Que contre nostre espoir la chose reüssie,                   1530
Ce naufrage honteux te pouvoit reparer,
Pouvoit d'une tourmente un calme preparer,
Le secours attendu à son heure opportune
De qui tient le timon de l'heureuse fortune:
Mais, monsieur, pardonnez à la temerité,                     1535
Qui sur un bruit espars contre la verité
Plustost que de raison l'embuscade a rompuë,
L'affection du sang trop facile repeuë
D'une sombre apparence . . .


DOM INIGUE
                              Ostez dorénnavant
Ces excuses vers nous plus legeres que vent,                 1540
Tel chef d'œuvre acomply ne reçoit de controle;
Et puis que ce bon-heur precede la parole,
Puis que le ciel amy le veut precipiter,
On ne sçauroit ses fruits qu'indignes rejetter:
Tant plus le laboureur moissonne de bonne heure             1545
De ses travaux defunts satisfaits il demeure:
Donc le mystere saint requis à les lier
Celebré paravant que de le publier,
Je veux qu'après on dresse une pompe royale
Une pompe publique à nostre joye égale,                      1550
Et à nostre grandeur, qui porte ces amants
Au trône desiré de leurs contentements.

# NOTES TO TEXT

Argument 8: *RICOR*, p. 218. Hardy and Stengel: l'epose.

40: Hardy and Stengel: le somme à de . . .

87: *fils d'Aegee:* Theseus, son of Aegeus.

138: *cottes degraffees:* unclasped, unhooked, loose frock-coat. R. Cotgrave, *A Dictionarie of the French and English Tongues* (Columbia: University of S. C. Press, 1950) (Reprint of 1611 edition), *s. v. cotte.*

149-164: Fernande speaks, not Roderic as seen in Hardy and Stengel. *RICOR*, p. 218.

156: Hardy and Stengel: fami à reduit.

187: Hardy: O le beaucoup failly, indigne desormais . . .

195: Cypris: Aphrodite.

199: Stengel: *loisir.*

216: Hardy and Stengel: m'ou(ts) tragez.

224: *premier: récompenser.* See Rigal, p. 570.

238: *Cloton:* one of the Fates; the spinner. In modern French the word usually appears as *Clotho.*

256: *capable de: digne de.* See Rigal, p. 581.

281: *fuitif: qui fuit.* See Rigal, p. 569.
*lairray:* from *laiier,* defective form of *laissier.*

310: Hardy and Stengel: Veux tu pas derechef que ma flame iapaise? See *RICOR*, p. 218.

378: Hardy and Stengel: S'en veut servir de preuve à nostre patience. See *RICOR*, p. 218.

385: *crevecœur:* equivalent to oh sorrow!, oh grief! See Cotgrave.

402: *polluë: souillé.* See Edmond Huguet, *Dictionnaire de la langue française du XVIᵉ siècle* (Paris, 1925- ).

413: *ce meschef:* this wrongdoing.
Huguet gives the meaning as *malheur, dommage.*

447: *Alcide:* Alcides, the grandson of Alceus; Hercules.

448: Hardy and Stengel: Deux serpents au berceau de ces mains estouffant. See *RICOR*, p. 218.

449: Hardy: O heros immortel qui n'ettoias la terre.

469: *Attale:* Attalus, the name of several kings of Pergamus.

470: Du vieil roy de Phrygie: reference to Midas and his legendary wealth.

471: *les Miniens:* the Minyae, an ancient Greek race, originally dwelling in Thessaly. The greater part of the Argonauts were descended from the Minyae and are sometimes called by this name.

475: Hardy: Cueillant avantureux au pays estrangers.

506: Hardy and Stengel: Qu'elle plaige en esprits, qu'elle en armes fecondes. The meaning here is "quelle plage, quel pays abonde en intelligences..." See *RICOR*, p. 218.

546: *encombreux: fâcheux.* See Rigal, p. 567.

673-674: Hardy and Stengel: De ces yeux martiaux frequents à la noblesse, / Yeux qui font a l'envy paroistre son addresse, See *RICOR*, p. 218.

697: *barbe:* a North African horse. See Cotgrave.

700: *Bucephale:* Bucephalus, Alexander the Great's horse; thus called either because his head resembles that of an ox, or because upon his flank he bore the mark of an ox's head.

721: *malefice: méfait; crime.* Rigal, p. 580.

759: Hardy and Stengel: Où du Scythe qui n'a ses lares arrestez.

769-770: Hardy and Stengel: Telle solicitude à l'age reservêe, / Ie croy que hors des flots en sa coque éleuêe.

788: *Les filles d'Achelois:* the Sirens.

798: Ilion: Ilium (Troy).

850: Hardy and Stengel: Ma mere qu'ores absent ie pourrois mettre en peine.
Rigal has recognized this as a *vers faux.* See *RICOR*, p. 218.

891: *reguerdonner: récompenser.* Rigal, p. 569.

915: Buzire: a mythical king of Egypt, son of Poseidon and Lysianassa. In obedience to an oracular command, Busiris offered up strangers on the altar of Zeus. When Heracles wandered into Egypt, he was seized as a human sacrifice. Bursting his bonds, he slew Busiris.

916: Hardy and Stengel: Ains quel monstre infernal ne ta peu rendre franc...
See *RICOR*, p. 218.

936: *l'Orque:* Orcus, or Hades.

978: *Thyade:* Thyia, the mother of Delphus by Apollo. She is perhaps the first to have sacrificed to Dionysus and to have engaged in orgies in his honor. The word Thyades comes from the Greek meaning raging or frantic women.

1038-1039: Crime indigne du cordeau: Rigal says "qui mérite plus que la corde," p. 582.

1041: *Rhadamante:* Rhadamanthus, son of Zeus and Europa, and brother of Minos of Crete; one of the judges of the lower world.

1057: Hardy and Stengel: Tel heur qu'espere me fermeroit la bouche. See *RICOR*, p. 218.

1108: Hardy and Stengel: Un somme doucereux, / Peu a peu la surpris. See *RICOR*, p. 219.

1111: This exclamation should be attributed to Leonore, not the Chirurgien as in Stengel and Hardy.

1147: *recourir le passé: revenir sur.* See Rigal, p. 581.

1211: je m'escarmouche: See Huguet, III, *s. v. s'escarmoucher: s'attaquer soi-même.*

1222: *Maïe:* Maia, daughter of Atlas and mother of Hercules.

1238: *sereine:* from verb *sereiner; calmer.* See Rigal, p. 572.

1249,

1251-1252,

1256f: The three speeches obviously spoken by Dom Inigue are attributed to Pizare in Hardy and Stengel. See *RICOR*, p. 219.

1253-1255: Hardy and Stengel attribute these lines to Dom Inigue, an obvious error. See *RICOR*, p. 219.

1282: *irresout: irrésolu.* See Rigal, p. 569.

1335-1336: Hardy and Stengel: Pareil acord passé sous ton consentement / Revocable se peut rompre tacitement: *RICOR*, p. 219.

1344: *luite:* from *luiter*, a variant of *luicter: lutter.* See Huguet and Cotgrave.

1359: Hardy and Stengel: inseparable. *RICOR*, p. 219.

1387: *allaigres:* men of good cheer. See Huguet, *s. v. alaigrir.*

1440: *Paphien:* Paphian Aphrodite, who is said to have landed at Paphus on the west coast of Cyprus after her birth among the waves.

1476: *patit:* to suffer, endure. Huguet, *s. v. patir: souffrir du manque de.*

1509: Hardy and Stengel: Qu'elle.

1538: *repuë:* fed, filled, satisfied. Huguet, *s. v. repeue.*

# La Force du Sang

Alexandre Hardy

### Edited by James Herbert Davis, Jr.

In the history of French drama Alexandre Hardy (c. 1571-1632) holds a small but secure place. He is known as a prolific dramatist who was connected with the *Comédiens du Roi,* but more importantly Hardy is to be remembered for having played a large part in effecting the transition from the lifeless drama of the French renaissance to the great classical theater of the later seventeenth century.

*La force du sang,* written between 1615 and 1626, is one of the most significant of Hardy's thirty-four extant plays. It is an example of his romanesque tragicomedy, a form which Hardy and his contemporaries elevated to the most popular kind of dramatic composition in France from the turn of the century until Corneille's first play was produced in 1629. Adapted from a novella by Cervantes (*La fuerza de la sangre*), *La force du sang* presents a story of crime and atonement. The play exhibits the structural freedom characteristic of its genre, and it shows that its author wrote to meet popular tastes. Even so, Hardy's work reflects an inherent classicism as well as a strong dramatic sense.

Mr. Davis's edition is based upon the original 1626 printing of the play, the Stengel edition, and the Rigal corrections. The present text contains a historical introduction and full documentation. Its publication celebrates the quatercentenary of Alexandre Hardy's birth.

*James Herbert Davis, Jr.,* is associate professor of Romance Languages at the University of Georgia. He is the author of *Tragic Theory and the Eighteenth-Century French Critics.*     $2.50

## UNIVERSITY OF GEORGIA PRESS, ATHENS